KB016114

한성준의
생애와 승무

이홍구 지음

보고사

　현대 사회의 빠른 시간 속에서 우리 고유 전통문화를 지킨다는 것이 그리 녹록지만 않은 오늘이다. 우리 전통무용 또한 급변하는 시간 속에서 전통예술로서 자리 매김이 쉽지 않은 오늘의 현실이다. 이에 필자는 작은 사명감으로 우리 전통무용의 한 부분을 확고히 자리 매김할 필요가 있다고 판단하여 故 한성준 선생의 〈승무무보〉를 발간하여 후학들의 학습에 도움을 주고자 편찬하였다.

　故 한성준(韓成俊)은 1874년 충청남도 홍성군에서 태어났다. 한성준의 가계는 조부모(祖父母)님과 부모(父母) 슬하에 가난한 집 농군의 장손(長孫)이었고 집안은 겨우 끼니를 이어가는 정도의 형편이었다.

　7세 때 무속인(巫俗人)이었던 외조부(外祖父)인 백운해(白雲採)로부터 북(鼓)과 춤을 배웠고 14세 때는 홍성에 사는 서학조(徐學祖)에게 춤과 땅재주를 3년간 배웠다. 그 후 덕산의 수덕사(修德寺)에 들어가 춤과 장단을 연마하여 충정남도 홍성, 서산, 태안 등지에서 당굿이 있으면 외조부를 따라다니면서 춤을 추었다. 춤과 땅재주를 잘하여 당시에는 신동(神童)이라는 칭송을 받기도 하였다.

　17세 때 결혼하였으나 당시 유행하던 돌림병으로 부인과 사별하게 된다. 19세 때에는 충청남도 홍성, 서산, 태안, 당진, 예산 등지에서 사당제(祠堂祭)와 묘소(墓所)에서 〈소래춤〉을 추고 땅재주를 주로 놀았다. 20세 때부터 출중한 예능인으로 두각을 나타내며 활동하기 시작하였다.

한성준은 21세 때부터 유랑(流浪) 생활을 시작하였는데 평양에서 명기(名妓) 고월선(高月仙)과 명화(明花)를 만나 부벽루에서 베푸는 관찰사(觀察使)의 생일잔치에서 춤을 추어 대단한 칭송을 받기도 하였다.

22세 때 신씨 부인(申氏婦人)과 재혼하여 아들을 낳았으나 25세 때 신씨 부인과 또다시 사별하게 된다.

한성준은 1894년 동학란(東學亂)에 참여하여 홍성 지방의 교도(教徒)로 활동하기도 하였다. 이때부터 판소리의 명인 김창환(金昌煥), 박기홍(朴基洪), 송만갑(宋萬甲), 이동백(李東伯), 정정열(丁貞烈), 김창용(金昌龍) 등에게는 명고수(名鼓手)로 활동하면서 남도(南道)춤을 추기 시작하여 춤의 명인 칭호를 받기 시작하였다.

1909년 그의 나이 35세 때 서대문(西大門) 안에 우리나라에 최초의 서양식 공연장인 원각사(圓覺社)가 창설되었다. 이때 한성준은 흥행단체인 연흥사(演興社)의 단원으로 입단하여 원각사 전속단원으로 활동하면서 생활이 안정되기 시작하였다.

원각사의 전속단원으로 활동하면서 옛 궁기(宮妓)들의 궁중무용(宮中舞踊)의 춤을 보면서 〈왕십리 무속음악〉 반주로 태평무(太平舞)를 창작하게 된다.

1926년 판소리 레코드 취업으로 일본에 갔다가 무용가 최승희를 만나게 되어 최승희에게 춤을 가르치게 된다.

1930년 서울 종로구 경운동에 있는 자택 2층을 개축하여 조선음악무용연구소(朝鮮音樂舞踊研究所)를 설립하여 한성준은 음악을 담당하고 동거하던 부인의 수양딸인 제자 이강선(李剛仙)이 무용을 담당하여 많은 제자를 양성하였다. 이듬해 조선음악무용연구소를 조선무용연구소(朝鮮舞踊研究所)로 개칭하여 무용만 전담하게 되었다.

1935년 부민관(府民館)에서 실시한 〈신작발표회〉에서 (1) 승무(僧舞),

(2) 학무(鶴舞), (3) 태평무(太平舞), (4) 신선무(神仙舞), (5) 살풀이춤, (6) 한량무(閑良舞), (7) 검무(劍舞), (8) 바라무(鉢羅舞), (9) 사공무(沙工舞), (10) 농악무(農樂舞)를 올렸다.

이때부터 한성준의 춤이 국내외에 알려져 많은 관심을 불러왔고 제자와 함께 일본 동경과 지방현(地方縣)의 순회공연을 마치고 돌아왔고, 우리나라 서부와 북부지방 공연 후 만주공연(滿洲公演)을 마치고 귀국하여 보고공연을 겸한 중앙대공연(中央大公演)을 함으로써 한성준은 조선무용(朝鮮舞踊)의 선구자로 자리를 잡게 된다.

1940년 한성준은 일본 모던일본사(modern 日本社)에서 제정한 제1회 조선예술상(朝鮮藝術賞)을 수상하였다. 1941년 1월 23일부터 4일간 부민관에서 발표회를 하고 제2회 조선예술상을 수상하였다.

故 한성준은 오늘날 우리 춤의 대부로서 우리 춤 전승에 많은 업적을 남겼고 1941년 7월 68세로 영면(永眠)하였다.

한성준의 승무보는 초대 국립국악원장을 지내신 이주환(李珠煥) 선생이 이왕직아악부원 국악양성소를 졸업하고 한성준 선생으로부터 승무를 배우면서 소화(昭和)14년 12월에 채보(採譜)를 하였다. 당시 한성준 선생에게 승무를 배운 분은 이주환 김보남 김천흥 선생이었다.

이주환 선생이 채보한 승무보는 1958년 필자가 국립국악원 부설 국악사양성소 제1기생으로 중학교 3학년 때 김보남 선생께서 〈한국무용사〉를 출판하기 위해 집필하였다.

이때 김보남 선생께서 해금을 전공하던 필자에게 전공을 무용으로 바꾸어 궁중무용을 전공하여 국악원의 무용을 이어갈 수 있는 제가가 되기를 권고하시면서 필자에게 집필을 위한 원고를 정리해 주기를 청하시기에 선생님을 도와 집필에 참여하게 되었다. 이때부터 필자는 무용을 전공하게 되었다.

특히 김보남 선생께서 한성준의 승무보를 보여주시면서 〈한국무용사〉에 넣으려고 하니 필자에게 승무 동작을 그림으로 그리라 하시고 그 설명을 글로 써내려 가는 형식으로 원고를 정리하시던 중 선생님께서 돌아가시게 되어 출판을 하지 못하고 중단하게 되었다. 김보남 선생님이 돌아가신 후 집필 작업을 하던 원고가 사라지고 말았다.

1998년 국립국악원 박물관 이주환실에 보관되어 있는 승무보를 복사하여 2005년 한국예술종합학교 무용과 양성옥 교수에게 제공하여 2005년 5월 21일 "한성준 류 승무의 원형 모색과 현대적 계승 공연"이라는 제목으로 양성옥·성기숙 교수가 주축이 되어 학술 심포지엄을 가진바 있다.

한성준의 생애(生涯)와 승무보(僧舞譜)를 출판하게 된 것은 이주환 선생의 채보 내용이 정재(呈才) 용어(用語)로 되어있어 이 용어들을 분석하고 동작을 그려 후학들의 연구에 도움을 주기 위함이다. 이 책으로 후학들의 연구에 조금이나마 도움이 되기를 바라며, 마지막으로 이번 출간을 도와준 위송이 선생에게 감사드린다.

중요무형문화재 제40호 학연화대합설무
예능보유자 이흥구

한성준의 생애 / 9

한성준의 승무보 / 73

【부록】 승무보 원문 / 237

한성준의 생애

풍류명인야화 (風流名人夜話)

: 명무(名舞) 한성준(韓成俊) 편

박용구(朴容九) 作

동아일보(東亞日報)

1959년 8월 18일 ~ 9월 8일 연재

(8월 24일, 8월 31일, 9월 7일 미연재)

풍류명인야화 연재 인물 목록

제목	연재일자	총 편수
명창(名唱) 이동백(李東伯)	1959. 5. 21. ~ 6. 20.	29편
화선(畫仙) 장오원(張吾園)	1959. 6. 21. ~ 7. 16.	22편
명우(名優) 임성구(林聖九)	1959. 7. 17. ~ 8. 16.	27편
명무(名舞) 한성준(韓成俊)	1959. 8. 18. ~ 9. 8.	19편
귀재(鬼才) 나운규(羅雲奎)	1959. 9. 9. ~ 10. 9.	27편
인술(仁術) 지석영(池錫永)	1959. 10. 10. ~ 10. 27.	15편
6명	1959. 5. 21. ~ 10. 27.	총 139편

1. 박용구[1] 작, 「풍류명인야화」, 5월 21일부터 연재[2]

본보(本報)에서는 오는 5월 21일자(五月二十日字)부터 새로운 읽거리로서 중견작가(中堅作家) 박용구 씨(朴容九氏)의 「풍류명인야화」(風流名人夜話)를 본란(本欄)에 연재(連載)키로 하였습니다. 이 「풍류명인야화」는 여러모로 다사다난(多事多難)하였을 뿐더러 우리나라 신문화(新文化)의 요람기(搖籃期)이었으며, 새벽이었기도 한 최근세(最近世)를 배경(背景)으로 여러 방면에서 배출된 명인(名人)과 일사(逸士)의 이야기를 엮으려 하는 것입니다. 이것은 그 제목(題目)이 말해주는 바와 같이 일종의 취재실명소설(取材實名小說)의 형태(形態)로 그려 독자(讀者)의 흥취(興趣)를 돋우고자 하는 것입니다. 많은 애독(愛讀) 있으시기 바랍니다.

---

1) 박용구(朴容九: 1923-1999): 경남 밀양 태생의 소설가로 1942년 『니혼시단(日本詩壇)』 동인으로 일문시(日文詩)를 쓰다가 1944년 연희전문(延禧專門) 수물과(數物科) 졸업. 학병으로 일본군에 강제동원되었다가 해방 후 귀국하였다. 1945년 단편 「언덕위에서」를 『예술부락(藝術部落)』에 발표하면서 문단에 등장하였다. 그 밖에 「안개는 아직도」, 「지폐견학(紙幣見學)」, 「풍경(風景)」을 발표, 신감각적(新感覺的)인 심리묘사로 각광을 받았다. 특히 역사에 관심을 보여 주로 고려시대에서 취재한 역사소설을 발표하는 한편, 신흥종교의 퇴폐적인 풍토를 폭로 고발하거나, 일제의 침략사를 더듬어 온다. 단편집으로는 『안개는 아직도』(53), 『진성여왕(眞聖女王)』, 『고원(故苑)의 비가(悲歌)』, 장편으로 『노도(怒濤)』(59), 『계룡산(鷄龍山)』(64), 『회색(灰色)의 단층(斷層)』(62), 『동양척식회사(東洋拓植會社)』(72) 등이 있다.
2) 박용구 작, 「풍류명인야화」, 5월 21일부터 연재, 동아일보, 1959년 5월 15일, 4쪽.

〈그림 1〉 동아일보, 1959년 5월 15일, 4쪽.

작자(作者)의 말

필자(筆者)는 이제 무딘 붓으로 명인(名人)과 일사(逸士)의 이야기를 학적(學的)인 면(面)에서가 아니라 주(主)로 일화(逸話), 삽화(揷話)를 중심(中心)으로 엮어나가려 합니다. 물론 거기에 배열(配列)의 순서(順序)가 있을 리 없고, 연대적(年代的)인 전후(前後)에 구애(拘礙)됨이 있을 수 없습니다. 필자(筆者)의 무식(無識)과 비재(菲才)로써 능(能)한바 아니니 독자제위(讀者諸位)의 편달(鞭撻)과 가르침이 기대(期待)하는바 큼을 부기(附記)하여 둡니다.[3]

---

3) 동아일보, 1959년 5월 15일, 4쪽.

2. 명무 한성준 1 〈박용구 작, 「풍류명인야화」 79〉[4]

우리나라 민속무용(民俗舞踊)에 일생을 바치고 허다한 제자를 남긴 한성준(韓成俊)은 조용히 그의 생을 닫으려고 하고 있었다. 직접적인 원인은 오랫동안 고생을 하던 신경통이었다. 병세가 위독해지자 온 가족은 물론이거니와 여러 제자들도 모여들었다. 병석에 누운 한성준은 감았던 눈을 뜨고 조용히 둘러앉은 사람들을 바라보았다. 담백한 얼굴에는 웃음조차 떠도는 듯하였다.

"저어…"

한성준의 입에서 말이 떨어지자 모였던 사람들의 귀가 일제히 쏠렸다. 유언이라는 것을 직감한 긴장이었고, 무거운 분위기였다.

"저어… 내가 죽거든… 수의는 할 필요가 없다. 내가 태평무(太平舞)를 출 때 입던 옷이 있지. 그것을 수의로 써다오. 나는 그것을 입고 저 세상으로 가련다."

귀를 기울였던 사람들의 눈은 둥그레졌고, 가늘게 숨을 몰아쉬는 사람도 있었다.

무복(舞服)을 수의로 써달라는 것은 너무나 뜻밖에 말이었기 때문이었다. 이 말을 마치자 한성준은 다시 눈을 감았고 다시는 눈을 뜨지 않았다. 자는 듯 운명한 것이었다. 태평무(太平舞)란 궁중무용(宮中舞踊)의 하나였고, 한성준이 즐겨서 추던 춤 중의 하나였다.

---

4) 박용구, "풍류명인야화 : 명무 한성준 1" 동아일보, 1959년 8월 18일, 4쪽.

風流名人夜話 (79)

名舞韓成俊 (一)

朴容九

우리나라 民俗舞踊에 일찍이 큰 발자국을 남긴 韓成俊은 조금도 容恕없이 그의 生命을 달리려고 하고 있었다.

내가 太平舞를 출때 입은 원맨은 오랫동안 내 옷이 있지. 그것을수 生을 하던 신경통이 病勢가 위독해지자 온 가족은 물론이려니와 여러 제자들도 모여들었다.

병석에 누운 韓成俊은 감드는 눈을 뜨고 조용히 둘러 앉은 사람들을 바라보았다. 담백한 얼굴에는 웃음을조차 떠도는듯 하였다.

『저어……』

韓成俊의 입에서 말이 떨어지자 모였던 사람들의 귀가 일제히 쏠렸다.

유언이라는 것을 직감한 긴장이었고, 무거운 분위기였다.

『저어…내가 죽거든…』

용혀 그의 生을 달려 하고 있었다. 直接的 내가 太平舞를 출때 입은 원맨은 오랫동안 生을 하던 신경통이었다.

이원인은 오랫동안 生을 하던 신경통이었다. 病勢가 위독해지자 온 가족은 물론이려니와 여러 제자들도 모여들었다. 병석에 누운 韓成俊은 감드는 눈을 뜨고 조용히 둘러 앉은 사람들을 바라보았다.

『저어…내가 죽거든…』

韓成俊은 감드는 눈을 뜨고 조용히 둘러 앉은 사람들을 바라보았다. 담백한 얼굴에는 무슨 뜻밖에 말이었기 때문이었다.

『유언대로…!』

하고 도화려한 모습이었다. 이것만으로 六十餘歲의 일생을 무용에 바친 韓成俊이었다.

太平舞란 宮中舞踊의 하나였고 韓成俊이 즐겨서 추던 춤중의 하나였다.

런 생각이 떠올랐고, 가슴이 여근한 감격이기도 하였다. 유언대로 太平舞면 수의에사 죽음이었던가? 얼마나 낭만적인

그런데 韓成俊은 금시에라도 관속에 갈 소매를 펼고 일어나서춤을 명실 출것만 같았다.

『한성준은 우리 民俗舞踊의 올바른진수를 위해우리 무용계의 특기할만한 (이색적인) 공적을 남긴 사람이라 할 수 있다』

그러나 韓成俊은 비단 무용인으로써 그존재가지 인 韓成俊 뿐만은 아니었다. 또한名鼓手로써 이름을 날렸으니 金昌煥 朴菜洪 宋萬甲 李東伯 丁貞烈 金昌龍等 여러名唱들이 안윌鼓手였었다. (그림·具仁會)

〈그림 2〉 박용구, "풍류명인야화 : 명무 한성준 1", 동아일보, 1959년 8월 18일, 4쪽.

"유언대로…"

서로 말은 하지 않았으나 누구나의 가슴에 이런 생각이 떠올랐고, 가슴이 뻐근한 감격이기도 하였다. 유언대로 태평무에 쓰는 의복이 수의에 사용되었고, 일식이 관속에 같이 넣어졌다. 두 어깨에 일월(日月)을 붙이고 색색으로 만든 색동다리 소매가 있는 활옷, 그 속에 싸인 한성준. 무복을 입은 시체란 엄숙하고도 화려한 모습이었다. 이것만으로 60여세의 일생을 무용에 바친 한성준의 성격을 설명하고도 남음이 있었다. 얼마나 뼈에 사무친 무용인이었으며, 또 얼마나 낭만적인 죽음이었는가? 관속에 누운 한성준은 금시에라도 소매를 털고 일어나서 춤을 덩실덩실 출 것만 같았다.

조원경 씨(趙元庚氏)가 지적하는 바와 같이 "한성준은 우리 민속무용(民俗舞踊)의 올바른 진수를 위해 우리 무용계의 특기할 만한(이색적인) 공적을 남긴 사람이라 할 수 있다."는 무용인은 이렇게 갔다. 그러나 한성준은 비단 무용인으로서 그 존재가 거대한 것뿐만은 아니었다. 또한 명고수(名鼓手)로서 이름을 드날렸으니 김창환(金昌煥), 박기홍(朴基洪), 송만갑(宋萬甲), 이동백(李東伯), 정정렬(丁貞烈), 김창용(金昌龍) 등여러 명창(名唱)들에 있어서 없어서는 안 될 고수(鼓手)였다.

– 그림·구인회(具仁會)

3. 명무 한성준 2 〈박용구 작, 「풍류명인야화」80〉[5]

한성준(韓成俊)은 비단 무용에 일생을 바치고 최후까지 무용인다웠다는 것, 그것만이 아니었다. 우리나라 무용을 위하여 확고하고 조직적인 생각을 가지고 있었다.

1941년 1월 24일에 천향원(天香園)에서 이동백(李東伯)과 대담(對談)이 있었다. 이것은 「춘추(春秋)」 동년 3월호(三月號)에 게재(揭載)되었거니와 그중에서 몇 구절을 추리면 다음과 같은 구절이 있다.

이(李) "한참봉(韓參奉)은 요즘 와서는 북보다도 조선무용을 더 환영받는가보지?"

한(韓) "환영을 받는다는 것보다는 외국인(外國人) 내지인(內地人) 할 것 없이 조선춤에 대한 호기심이 늘어가는가 봅니다. 그러니 자연 나한테 와서 조선춤을 배워가게 되지요."

이(李) "서양까지 가서 조선춤으로 환영받았다는 최승희(崔承喜), 조택원(趙澤元)들도 한참봉한테 배웠단 말이 있더군…"

한(韓) "물론 배웠습니다. 최승희는 서울서도 배웠으려니와, 동경(東京)까지 가서 밤, 낮으로 열나흘 동안을 가르쳤고, 조택원은 이십 일 동안 가르쳤지요. 그런데 조선(朝鮮) 사람은 선생을 선생으로 알아주는 일이 퍽 적은 것 같습데다. 최씨(崔氏)나 조씨(趙氏)로 말하더라도 조선춤이라는 건 전부를 나한테서 해득했지만, 도무지 그런 기색은 안보이려고 애를 쓰는가봐, 이런 걸 보면 서양(西洋) 사람이나 내지(內地) 사람은 엉뚱히 다르거든…, 이등정자(伊藤貞子)라고 서양(西洋) 사람인데 내지인(內地人)과 결혼했답디다. 이 여자는 세계 열여덟 나라를 돌아다니면서

---

5) 박용구, "풍류명인야화 : 명무 한성준 2" 동아일보, 1959년 8월 19일, 4쪽.

무용을 하고 다닌 일도 있고, 그런데 나한테 조선춤을 배워 가기도 했지요. 배웠데야 여러 날 배운 것도 아닌데, 요전 공연일로 내가 동경(東京)에 갔을 때 아 이등정자(伊藤貞子)가 조선옷을 입고 동경 역까지 마중을 나오잖았겠습니까. 그리고 매일 여관에 와서 놀기도 하고…. 선생도 선생이려니와 서로 말을 할 줄 모르는데 이렇게 하기란 장히 어려울 게요. 바로 얼마 전에도 동경에 있는 동경영화회사(東京映畵會社)의 여배우 두 사람이 와서 춤을 배우고 갔습니다."

이(李) "서로 말도 모르는데 가르치고 배우려면 고생되지 않을까?"

한(韓) "그게 묘하단 말이에요. 말은 서로 깜깜속이지만 내가 장단만 쳐주면 그걸 알고 춤을 춘단 말이에요. 그 재주란 다르기도 하겠지만 그 장단에 기술이란 것도 묘하다는 것을 더 깨달았지요. 내가 한번 춤을 추어 보이고 장단을 쳐주면 그걸 알고 춤을 춘단 말예요. 거참 신기합데다. 그런데 기왕 춤 이야기가 나왔으니 말이지만 조선춤을 앞으로 많이 개량하면 세계 어느 나라의 춤에다가 비할 게 아닐 겁니다."

– 그림·구인회(具仁會)

風流名人夜話 (80)

名舞韓成俊 (二)

朴容九

一九四一年 一月二四日
에 天香閣에서 李京伯과
의 對談이 있었다. 이것은
「春秋」同年三月號에 揭
載되었거니와 그中에서 몇
군…」

韓『물론 배웠읍니다.
崔○植은 서울에서도 백였
으려니와、東京까지 가서
○植이라면 전명받던 崔
○植、趙澤元들도 한참동
안 배웠단 말이 있더
軍…」

李『서양까지 가서 조
선춤으로 환명받았다는 崔
承喜、趙澤元은이
귀정을수리면 다음과 같은
군절이 있다.

李『韓參奉은 요즘와서
는 북보다도 조선무용을
더환영받는가보지?』

韓『환영을 받는다는것
보다는 外國人 內地人할
라도 조선춤이라는건 전

一生을바친고 晝夜不
用인다왔다는것、그것만이
아니었다. 우리나라 무용
을위하여 확고하고 조직
적인 생각을가지고 있었
다.

韓成俊은 비단 무용에
만 기심이 놀어가는가 봅
니다. 그러니 자연 나한테
와서 조선춤을 배워가게
되지요』

李『서양까지 가서 조
선춤으로 환명받았다는 崔
○植、趙澤元들도 한참동
안 배웠단 말이
있더

부를 나한메서 혹득했지
만、도무지 그런기색은안
보이려고 애를쓰는가봐、
이런걸보면 西洋사람이나

만、도무지 그런기색은안
용을하고 다니일도있고、
그런데 나한메

디다. 이여자는 세계열여
러 나라를 돌아다니면서무
京에 있는 東京映畵會社
의 여배우 두사람이 와
서춤을배우고갔읍니다.』

李『서로 말도 모르는
메 가르치고 배우려면
요.』

韓『그게묘하단 말예

야、여러
날 배운
것도 아
닌메、요
그걸 알고 춤을 춘단 말
에요. 그 제주란 다르기
도 하겠지만 그 장단에
에 깟을 때 아주 놀라웠
을 더 깨달았지요. 내가
한번 춤을 추어보고 장
단을 처주면 그걸 알고
조선옷을 입고 東
藤貞子가 伊
京의까지
마중을나
오잖았겠
가 나왔으니 말이야기
그런데 기왕 춤이야기
伊藤貞子라고 西洋사람
인메 內地人과 경은했답
거든 내선이려니와 서로 말을
할줄 모르는메 이렇게하
춤에다 비할게 아닐것니
라도 조선춤이라는건 전

內地사람은 영둥히 다르
읍니까. 그리고매일여관에
와서놀기도 하고…선생도
선생이려니와 서로 말을
할줄 모르는메 이렇게하
다.』(그림・具含)

〈그림 3〉 박용구, "풍류명인야화 : 명무 한성준 2", 동아일보, 1959년 8월 19일, 4쪽.

4. 명무 한성준 3 〈박용구 작, 「풍류명인야화」79〉[6]

한(韓) "조선춤에는 슬픈 춤도 없고, 무서운 춤도 없어요. 아마 이것은 춤이 오랫동안 궁중 안에서만 발달되어온 관계인지 모르겠어요."

이(李) "광대나 고수(鼓手) 할 것 없이 제일 호화스러웠을 때가 언제라고 할꼬?"

한(韓) "그야 원각사(圓覺社) 시절이겠지요."

이(李) "나도 그래. 그때는 정말 비록 상놈의 대접은 받았으나 노래부르고 춤출 만하였지. 순종(純宗)을 한 대청에 모시고 놀기까지 하였었으니까…"

한(韓) "그때 김인호가 재주넘다가 바로 순종 무릎에 가 떨어지자 기쁘게 웃으시겠지…"

한(韓) "형님, 난 이런 계획을 가지고 있습니다. 조선소리나 춤을 후세까지 정확하게 전하자면 영화의 힘을 빌어야 하겠습니다. 그래 지금 어느 회사와 계획이 순조로이 나가는 중입니다. 이것이 꼭 필요할 것 같습니다."

이(李) "한 참봉, 거 생각 잘했소."

한(韓) "그리고 조선 문무백관(文武百官)의 의복을 후세까지 전하면서 조선무용의 힘을 빌어야만 되지, 달리는 도저히 안 될 것입니다. 이런 의미로 보아서도 조선가무의 영화화가 절대로 필요합니다. 그리고 가무를 실제로 전하는 데는 이것을 가정 속으로 끌고 들어가잖으면 안 됩니다…."

이(李) "원체 그래야만 오래도록 전할 수 있지. 지금 이왕직(李王職) 아악(雅樂)만 보더라도 세계적으로 큰 자랑이라 하지만, 그것이 궁중

---

6) 박용구, "풍류명인야화 : 명무 한성준 3" 동아일보, 1959년 8월 20일, 4쪽.

에서만 전해왔기 때문에 보급이 못되고 특별한 악사가 세상을 떠나는 날이면 그만 후대가 끊기고 만단 말요. 한 참봉 말처럼 가무의 보급은 그것을 가정 안으로 모셔 들여야 해."

한(韓) "그거야 제가 처음 하는 말도 아니고 그 필요를 느끼면서도 실행은 주저하고 있습니다. 그리고 옛날부터 노래나 부르고 춤을 추는 사람을 천대했으니까 누가 그걸 배우려고 하겠습니까? 가무를 가정으로 끌어들이려면 먼저 그런 개념을 고치는 것이 좋을 것입니다."

이(李) "거야, 차차 그렇게 돼 가겠지. 대우가 낫단 말이지? 한 참봉은?"

한(韓) "네, 그렇죠. 하긴 전보다는 훨씬 낫지요. 가무하는 사람을 한 기술자로 대우해주니까! 그전보다 훨씬 납데다."

이(李) "그렇잖어 전엔 쌍놈이라고 '해라' 하던 걸 지금은 기술자라고 '하오' 하는 것이 대우가 아닐게요. 그전 세상은 상하(上下)의 구별이 심하긴 했지만 우리를 대하는 데도 정이 있었지. 비단 상하 관계만이 아니라 사람과 사람 사이가 정이 있었어…"

　　　　　　　　　　　　　　　　　　　– 그림·구인회(具仁會)

風流名人夜話 (81)

朴容九

名舞韓成俊 (3)

韓『조선춤에는 슬픈 춤도 없고, 무서운 춤도 없어요. 아마 이것은 춤이 오랫동안 궁중안에서만 발달되어온 관계인지 모르겠어요.』

李『광대나 歌手 할것없이 제일 호화스러웠을 때가 언제라고 할꼬?』

韓『그야 國慶社 시절이겠지요.』

李『나도 그래. 그때는 정말 비록 상놈의 대접은 받았으나 노대부르고 축출만 하였지. 純宗까지 한 대청에 모시고 놀기까지 하였으니까…』

韓『그때 김인호가 재넘다가 바로 純宗무릎에 재넘다가 멀어지자 기쁘게 웃으시겠지요.』

韓『형님, 난 이런 계확을 가지고 있읍니다.

선文武 百官의의 복을 후세까지 전하자면 조선무용의 힘을 빌어야만되지 달리는 도저히 안될것입니다. 이런 의미로서나 가 꿈꾸기고 만란 말요. 한창봉 말처럼 가무의 보급은 그것을 가정안으로 모셔둔어야해.』

까지 정확하게 전하자면 조선소리나 춤을 후세 절대로 필요합니다. 그리고 가무를 실제로 전하

참봉, 저 한창봉, 저 생각 잘했소.』

영화의 힘을 빌어야겠읍니다. 그래 지금 어느 회사와 계획이 순조로이 나가는 중입니다. 이것이

는데는 이것을 가정 속으로 끌고 들어가자는 말도 아니고 그것을 느끼면서도 실행은 안됩니다.……』

李『원체 그대야만 오래도록 전할수있지요. 그리고 옛날부터 노대부르고 축을 추는 사람을 천대했으니까 누가 그걸 배우려고 들이려면 먼저 그런개념을 고치는것이 좋을것입니다.』

李『李王職 雅樂을 때도록 세계적으로 큰 자랑이라 하지만, 그것이 궁중에서만 전해왔기 때문에 보급이 못되고 가무를 가정으로 묻어

변한 악사가 세상을 떠

李『저야, 차차 그렇게 돼가겠지.』

韓『하긴 전보다는 훨씬 났지요. 歌舞하는 사람을 한 기술자로 대우해주니까 그 전보다 훨씬 낫데나다.』

李『대우가 났단 말이지? 한창봉은?』

韓『네, 그렇죠.』

李『그렇잖어. 그렇잖어.』

韓『지금은 기술자라고『하오』하는것이 가 아닐게요. 그전…세상은 별이 심하긴 했지만 우리를 대하는데도 정이있었지. 비단 가무계만이 아니라 사람과 사람사이 있었어…』

(그림・具仁會)

〈그림 4〉 박용구, "풍류명인야화 : 명무 한성준 3", 동아일보, 1959년 8월 20일, 4쪽.

5. 명무 한성준 4 〈박용구 작, 「풍류명인야화」79〉[7]

한성준(韓成俊)은 1874년 6월 12일 충남(忠南) 홍성군(洪城郡)에서 태어났다. 한성준의 집은 조부모(祖父母), 부모, 아이들이 삼간방(三間房)에서 같이 사는 어려운 집안이었고, 근근이 농사를 지어서 끼니를 이어가는 형편이었다. 이렇게 가난하였으니 모든 것이 말이 아니었으나, 한성준은 할머니의 뜨거운 사랑을 받았다. 그것은 외아들 몸에서 난 손자라서 애지중지하기 때문이었다. 그러니만큼 한성준의 응석도 대단하였다.

하루는 아침상을 받으니 수수밥이었다. 한성준은 볼이 부어서 수저를 들지도 않고 빤히 바라보기만 하였다.

"왜 그러니? 어서 먹어라!"

"…"

한성준은 여전히 대답이 없었다.

"조밥이나 보리밥과는 달라서 수수밥은 맛이 있어서 그냥 낳으니 조금 먹어 보아라. 정 싫으면 그만두고…"

여전히 대답이 없자 할머니는 말없이 밥사발을 들고 밖으로 나갔다. 얼마 만에야 흰밥을 가져왔고, 한성준은 그제서야 수저를 들었다. 할머니가 치마에서 피파소리가 나도록 동리로 다니며 밥을 바꿔줄 곳을 수소문하였던 것이다. 할머니는 다리 아픈 줄도 모르고 뛰어다녔고, 한성준은 덤덤히 앉아서 기다리고만 있었던 것이다.

한성준은 할머니의 지극한 사랑을 받았을 뿐만 아니라 외할아버지의 사랑과 지도를 또한 많이 받았다. 외할아버지는 백운채(白雲採)라고 하였다.

---

7) 박용구, "풍류명인야화 : 명무 한성준 4" 동아일보, 1959년 8월 21일, 4쪽.

"얘, 성준아!"

"예."

그것은 한성준이 일곱 살 때의 일이었다. 백운채는 앞에 큼직한 북을 놓고 있어서 한성준은 신이 나서 뛰어갔다.

"성준아, 너 북을 치고 싶으냐?"

"예."

집에 북이 있어서 가끔 몰래 장단을 하던 터라 다른 대답이 있을 까닭이 없었다.

"응. 그러나 놀이 삼아서 하는 일이 아니니까 그냥 재미만 있는 것은 아니다. 공부도 하는 것이야 공부…"

"예, 좋아요."

"얼핏 보기에는 재미있어 보이기도 하고 장난스럽기도 하지만 아주 고된 일이란다. 그래도 좋으냐?"

"예."

백운채는 빙그레 얼굴에 웃음을 띠기는 하였으나 몇 번씩 되묻는 다짐이었다. 한성준은 그때마다 고개를 끄덕 끄덕 예예 소리를 연발하여 동의하였다. 이렇게 한성준의 북과 또 춤공부는 시작이 되었던 것이다. 서당에 가는 대신이기도 하였다.

― 그림·구인회(具仁會)

風流名人夜話 (82)

名舞韓成俊 (四)

朴容九

韓成俊은 一八七四年六月十二日 忠南洪城郡에서 태어났다. 韓成俊의 집은 祖父母 父母 아이들이 三間房에 같이 사는 어려운 집안이었고 근근히 농사물 지어서 끄니를 이어가는 형편이었다. 이렇게 가난하였으나, 모든것이 아니었으나, 韓成俊은 할머니의 뜨거운 사랑을 받았다. 그것은 외아들에서 난 손자라서 애지중지하기 때문이었다. 그러니만큼 韓成俊의 응석도 대단하였다. 할머니는 하루는 아침 상을 받으니 수수밥이었다. 韓成俊은 불이 부어서 수저를 들지도 않고 한이 바라보기만 하였다.

「왜! 그러니? 어서 먹어라!」

韓成俊은 여전히 대답이 없었다.

「조밥이나 보리밥과 수수밥은 맛이 있어서 그냥 났으니 조금 먹어 보아라.」

할머니는 달래나 극한 사랑을 받으니라의 사랑을...

「……」

「정 싫으면 그만두고…」

「……」

할머니는 대답이 없자 할머니의 사랑과 지극한 사랑만이 아니라의 사랑을... 할머니는 박네로 나갔다. 얼마만에야 흰 밥을 가져왔고, 韓成俊은 그제서야 수저를 들었다. 할머니가 나치마에서 피파소리가 나

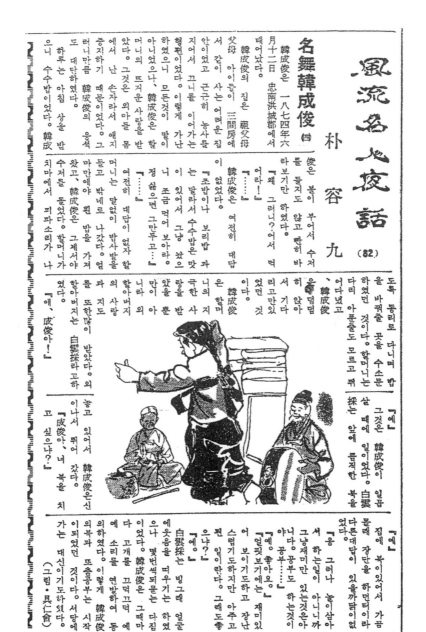

도둑 동리로 다니며 밤을 바꿔을 곳을 수소문하였던 것이다. 韓成俊이 다리 아룬줄도 모르고 뛰어다녔다. 採는 앞에 름직한 복을

그것은 韓成俊이 일곱 살 때에 일이었다. 白鷺 물레 장단을 하면 터이라 다른데다가 복이 있을까닭이 없었다.

「예」

「응 그러나 놀이삼아서 하는일이 아니니까 그냥재미만 있는것은아야니다. 공부….」

「예. 공부….」

韓成俊은 그냥 그대로 어 보이기도하고 장난스럽기도하지만 아주 된 일이란다. 그래도 좋으냐?」

「예.」

「얼핏보기에는, 어 보이기도하고 장난스럽기도하지만 아주 된 일이란다. 그래도 좋으냐?」

白鷺採는 빙그레 얼굴에 웃음을 띄우기는 하였으나 몇번씩되묻는다. 韓成俊은 그댁마다 고개를 끄덕끄덕 예에 소리를 연발하여 동의하였다. 이렇게 白鷺採의 복과 또춤공부는 시작이되었던 것이다. 서당에 가는 대신이기도하였다.

「얘, 成俊아!」

「成俊아, 너 복을 치고 싶으냐?」

(그림 · 具仁會)

〈그림 5〉 박용구, "풍류명인야화: 명무 한성준 4", 동아일보, 1959년 8월 21일, 4쪽.

6. 명무 한성준 5 〈박용구 작, 「풍류명인야화」79〉[8]

"자, 내가 한 번 칠게 들어보아라!"

백운채(白雲採)는 신명이 나서 북을 치고 다음에는 한성준(韓成俊)에게도 시켰다. 모밭을 놓고 그 위에 두레북을 얹으니 어린 한성준으로서는 일어서야 겨우 북을 칠 수 있었다.

"허허허허."

백운채는 유쾌하게 껄껄 웃었고, 한성준도 따라 웃으면서 북을 얼싸안았다. 백운채는 북만이 아니었다. 어린 한성준에게 춤도 가르쳤다. 이렇게 가르치는 동안에 한성준은 날로 재주가 늘어 신동이라는 이름이 동네에 퍼지기 시작하였다. 한 삼십 리 되는 곳에 당굿이 든 적이 있었다.

"성준아, 너 당굿에 가보련?"

"예."

그러나 시골길 삼십 리는 꽤 멀었다. 더구나 길이 험하고 도중에는 강이 있어서 한성준은 넙죽 할아버지인 백운채의 어깨에 앉아서 가게 되었다.

당굿이 든 곳에는 많은 사람들이 모여들어와 와글거렸다. 백운채는 기회를 보아서 한성준에게 춤을 추게 하였다.

---

8) 박용구, "풍류명인야화 : 명무 한성준 5" 동아일보, 1959년 8월 22일, 4쪽.

〈그림 6〉 박용구, "풍류명인야화 : 명무 한성준 5", 동아일보, 1959년 8월 22일, 4쪽.

"허, 조렇게 어린 것이…"

"꽤 춤을 출까?"

모여선 사람들은 제각기 한마디씩 하고는 눈들이 둥그레졌다. 처음에는 쭈뼛쭈뼛하였으나 할아버지인 백운채가 지켜보고 있는 것에 힘을 얻어 한성준은 장단에 맞춰 덩실덩실 춤을 추었다.

"잘한다!"

"맹랑하다!"

"더 춰라!"

여기저기서 감탄과 찬양의 소리가 쏟아져 나왔고, 한성준은 더욱 신이 나서 손짓발짓을 하였다. 어린아이가 신기하게도 춤을 잘 춘 데서 누가 돈을 던져주었다. 이것이 시작이 되어서 여기저기서 돈이 던져져 결국 한 칠십 냥(七十兩) 가량 벌게 되었다. 한성준으로서는 이것이 처음으로 인기를 끈 사건이었다. 동네에서도 어린것이 북치고 춤춘다는 것이 신기하여 귀염을 받았고 양반집에도 드나들게 되었다.

"성준이 왔느냐…"

행세깨나 하는 사람들에게서도 이런 인사를 받게 되었고, 양반집 아이들과 어울려 놀 수도 있었다. 한성준은 그런 속에서 여러 가지 예의나 범절을 배우게도 되었다. 특히 같은 동네에 있는 김 참판(金參判)의 집에 자주 드나들었고, 그 집 은혜도 많이 입었다. 더구나 그 집 아들이었고 나중에 함양군수(咸陽郡守)가 된 김상명(金尙明)과는 이후 오래도록 서로 서신왕래가 있었다.

- 그림·구인회(具仁會)

7. 명무 한성준 6 〈박용구 작, 「풍류명인야화」79〉[9]

이렇게 일찍 그 재주를 드러낸 한성준(韓成俊)은 아홉 살 때에는 벌써 한몫을 톡톡히 보게 되었다. 과거(科擧)가 있어서 홍패사령(紅牌使令)이 나면 그 사당차례에 참례하였으며, 묘소(墓所) 소분에는 소래춤이 있었고, 산소에서 줄치고 재주를 넘기도 하였다. 그러니 벌써 한 사람 몫의 일을 단단히 한 셈이다.

열네 살 때 홍성(洪城)에 사는 서학조(徐學祖)에게 춤과 재주를 배우기 시작하였다. 이 공부는 삼 년간이나 계속되었다. 이 공부가 끝나자 다시 덕산(德山)골에 있는 수덕산(修德山)에서 춤과 장단공부를 하였다.

이런 속에서 한성준은 20세가 되었고, 이 무렵에는 벌써 한 사람의 몫을 하는 정도가 아니라 춤과 노래 장단에 대하여 그 진리를 깨달음에 이르렀던 것이다. 이때에 일을 한성준은 후에 다음과 같이 말하고 있다.

> "그때부터 장단이 소리와 얼마나 중한 관계가 있는지 알고, 한번 잘 해보겠다는 생각이 났으며, 춤이라는 것이 모든 장단의 시작이라는 것을 알게 되고, 그도 역시 열심히 배우려고 하였습니다. 겨우 맛을 알아본 셈이지요. 춤도 처음은 오금이 피로하나 하고 나면 차츰 다시 피곤한 속에서 일어납니다. 장단 역시 팔 아픈 것은 무엇이라고 다 말하겠습니까만 하도 치면 나중에는 손이 치는 것이 아니고, 장단이 장단을 치는 것이 됩니다."

이것은 1937년 4월호 『조광(朝光)』에 실린 「고수50년(鼓手五十年)」이란 글의 한 구절이다. 얼마나 끈기 있고 줄기차게 수업을 하였는지 넉넉히 짐작이 되는 말이다. 수업만이 아니라 하나의 길을 터득한 한 사람의

---

9) 박용구, "풍류명인야화 : 명무 한성준 6" 동아일보, 1959년 8월 23일, 4쪽.

담담한 회고담이기도 하다.

잠깐 한성준의 환경으로 돌아가 보면 부모 사이에는 한성준을 비롯하여 6남매의 아이가 생겼다. 즉 한성준은 다섯 아우, 누이를 거느리는 맏이였고, 집안 살림은 더욱 구겨져 가고 있었다. 한성준은 열일곱에 결혼을 하였다. 서학조에게 배우던 일이 끝났을 무렵이었다. 그러나 이 부인은 채 깊은 정도 들기 전에 돌림병으로써 사망하였다.

너무나 일찍 홀아비가 된 한성준은 22살 때 다시 결혼을 하였다. 신씨 부인(申氏夫人)과의 사이에는 아들이 생기기도 하였다. 그러나 처궁(妻宮)이 시었든지 신씨 부인도 한성준이 25살 때 사망하였다. 그러나 이 아들은 무럭무럭 자랐고, 한성준은 다시는 정식으로 혼인을 하지 않았다. 이래저래 가깝게 한 여인들은 많았지만….

－ 그림·구인회(具仁會)

名舞韓成俊 (六)

朴容九

는 修德山에서 춤과 장단공부를 하였다.

이렇게 일찍 그 재주를 드러낸 韓成俊은 아홉살 때에는 벌써 한몫을 톡톡히 보게되었다.

이런 속에서 韓成俊은 이십세가 되었고, 이무렵에는 벌써 한사람의 몫을 하는 정도가 아니라 科擧가 있어서 紅牌使 ……하여 그 진리를 깨달음 속이 나면 그 사당차례에 참례하였으며, 慕所에 이르렀던 것이다. 이분에는 소래춤이 있었고 산소에서 춤치고 재주를 넘기도 하였다. 그러니별써 한사람 몫의 일을 단단히 한 셈이다.

洪城에 사는 徐厚祖에게 춤과 재주를 배우기시작하였다. 이 공부는 삼년간 이나 계속되었다. 이 공부가끝나자 다시 德山골에 있

『그때부터 장단이 소리와 얼마나 중간관계가 있는지알고, 한번 잘해보겠다는 생각이났으며, 춤이라는것이 모든 장단의 시작이라는 것을 알게되었습니다. 겨우 무엇이라고 다 말하겠음 ……』

어남니다. 장단역시 팔 아픈것은 한 회고담이기도하다. 잠간 韓成俊의 환경으로 ……

나의짐을터득한 한사람의 담담 무엇이라고 다 말하겠음 잠간 韓成俊의

맛을 알아본 셈이지요? 춤도 처음은 으금이피 치는 손이 치는것이 아니고, 장단이 장단을 치는 것이됩니다.

니까만 하도치면 나중에 이에는 韓成俊을 비롯하여 六男妹의 아이가 생여 아우, 누이들을 거느리는 맏 이었고, 집안 살림은 더욱 구격겨가고 있었다.

韓成俊은 열일곱에 徐厚祖에게 결혼이 끝났을무렵 배우면 일이었다. 그러나 이부인은 돌림병으로써사망하였기전에 너무나 일찍 아이비가 얼마나 정이다.

된 韓成俊은 스물 두살 때 다시 결혼을 하였다. 申氏夫人과의 사이에는 아이들이 생기기도 하였다. 그러나 妻宮이 시었는지 申氏夫人도 韓成俊이 스물다섯살때사망하였다. 그러나 이아들은 무력 자랐고, 韓成俊은 무력 혼인을하시는 정식으로 혼인을 하지 않았다. 이래저래 가깝게한여인들은 많았지만 ……

이것은 一九三七年四月號에 실린 「朝光」에 실린 「四月號」이란 글의 한귀절이다.

〈그림 7〉 박용구, "풍류명인야화 : 명무 한성준 6", 동아일보, 1959년 8월 23일, 4쪽.

8. 명무 한성준 7 〈박용구 작, 「풍류명인야화」79〉[10]

1894년(一八九十四年). 이 해에 한성준(韓成俊)은 21세였다. 20세가 넘어서부터는 더욱 그 이름이 근동에 자자하여졌다. 홍성(洪城)에 선달, 진사의 과거가 있어서 부름을 받았거니와 서산(瑞山) 태안지방(泰安地方)으로도 많이 다녔다.

이해 4월에 같은 마을에 있는 김학근(金學根)의 아들 김성규(金聖奎)가 권세를 배경으로 14세에 진사급제하여 내려오는 찬란한 광경을 보기도 하였고, 도저히 따를 수 없는 선망의 눈을 크게 뜨기도 하였다.

그러나 이해 2월 15일에 남쪽 전라도(全羅道) 고부(古阜)에서는 동학(東學)의 난(亂)이 일어났다. 이는 삽시간에 충청도(忠淸道)에 까지 파급이 되었고, 그 전부터 수효가 늘기만 하던 동학교도(東學敎道)의 수가 갑자기 늘었다. 이런 속에서 한성준도 교도가 되었다. 마을의 젊은이들이 많이 가입한 관계도 있었거니와 부패한 관원이 틀렸고, 동학이 내세우는 것이 옳게 여겨졌기 때문이었다. 너도나도 접주(接主, 동학의 지방 책임자) 밑에 모여 싸움터로 나갔고 한성준도 젊은 피가 끓었다.

"얘, 성준아, 아무데도 가지 말고 집에 가만히 있거라!"

아버지는 두루 다니며 동정을 살피고 돌아와서 한성준에게 이렇게 타일렀다.

"왜요?"

"글쎄, 있으라면 있어… 동학이 그르다는 것은 아니지만, 아무래도 나서지 않는 것이 좋을 것 같더라!"

"…"

"알았느냐?"

---

10) 박용구, "풍류명인야화 : 명무 한성준 7" 동아일보, 1959년 8월 25일, 4쪽.

名舞韓成俊 (七)

朴容九

一八九四年.

이해에 韓成俊은 二十一歲였다. 二十歲가 넘어서부터는 머욱 그이름이 근동에 자자하여졌다. 洪城에 선달·진사의 파지가 있어서 부름을 받았거니와 瑞山 泰安地方으로도 많이 나녔다.

이해 四月에 갔든 것은 마을에있는 金學根의 아들 金職奎가 진세의 배경으로 十四歲에 진사급제하여 내려오는 경음에도 하였고, 저히 따름수없는 눈을 크게뜨기도하였다. 그러나 이해 二月十五日에 남쪽 全羅道 古阜에

서는 東學의 亂이 일어났다. 이는 삽시간에 忠淸道에까지 파급이 되었고 그전부터 東學 敎徒의 수가 늘기만 하면 東學 敎徒의 수가 갑자기 늘었다. 이런 속에 韓成俊도 敎徒가 되었다. 마을의 젊은이들이 많이 가입한 관계에 있거니와 부패한 관원이 내세우는 것이 옳게 여겨졌기 때문이었다. 너도나도 東學의 接主(지방책임자) 밑에 모여 싸움터로 나갔고 韓成俊도 젊은피가 끓었다.

「얘, 成俊아, 아무데도 가지말고 집에 가만히 있거라!」

아버지는 두루 다니며 동정을 살피고 돌아와서 것 같머라!」

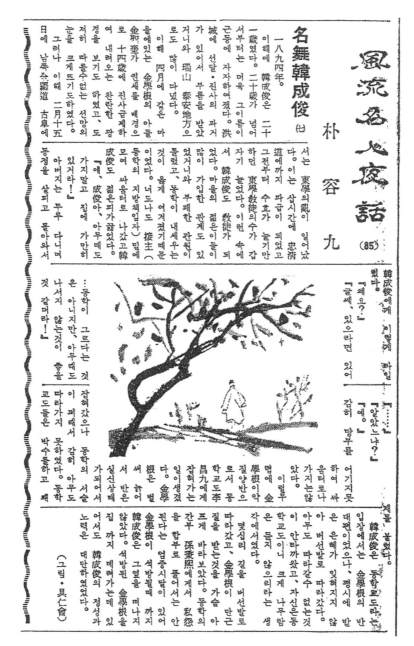

韓成俊에게 묻명도 하일
「.....」
「왜요?」
「글쎄, 있으라면 있어 감히 당부를 어기지는 않았다.

이럴루 金學根이 안타까와 왔고, 자신은 言학교도이니 크게 나무람 각에서였다. 몇십리 길을 버선발로 마라갔고, 金學根이 단춤 쁘게 바라보았다. 동학의 간부 孫秉熙에게서 私怨을 합부로 풀어서는 안 된다는 엄중시달이 있어 金學根은 별 金學根이 석방될때 까지 韓成俊은 그옆을 떠나지 않았다. 석방된 金學根을 집까지 데려가는데 실신상태에 있어서도 韓成俊의 정성과 노력은 대단하였었다.

…동학이 그르다는 것 잡혀갔으나 동학의 서술은 아니지만, 아무데도 이 퍼져서 감히 나서지 않는것이 아무도 따라가지 못하였다. 동학 교도들은 박수喝采하고

(그림·具仁會)

〈그림 8〉 박용구, "풍류명인야화 : 명무 한성준 7", 동아일보, 1959년 8월 25일, 4쪽.

"예."

감히 당부를 어기지 못하여 싸움터로 나가지는 않았다. 이럴 무렵에 김학근(金學根)이 악질 양반으로서 동학교도 이창구(李昌九)에게 잡혀가는 일이 생겼다. 김학근은 벌써 늙어서 반은 실신상태가 되어서 잡혀갔으나 동학의 서슬이 퍼래서 감히 아무도 따라가지 못하였다. 동학교들은 박수를 하고 쾌재를 불렀다. 한성준은 동학교도하는 입장에서는 김학근의 반대편이었으나, 평시에 받은 은혜가 잊혀지지 않아 버선발로 따라갔다. 아무도 따라갈 수 없는 것이 안타까웠고, 자신은 동학교도이니 크게 나무람은 듣지 않으리라는 생각에서였다. 몇 십 리 길을 버선발로 따라갔고, 김학근이 단근질을 받는 것을 가슴 아프게 바라보았다. 동학의 간부 손병희(孫秉熙)에게서 사원(私怨)을 함부로 풀어서는 안된다는 엄중시달이 있어 김학근이 석방될 때까지 한성준은 그 옆을 떠나지 않았다. 석방된 김학근을 집까지 데려가는 데 있어서도 한성준의 정성과 노력은 대단하였다.

– 그림·구인회(具仁會)

9. 명무 한성준 8 〈박용구 작, 「풍류명인야화」79〉[11]

한성준(韓成俊)은 춤만이 아니다. 북과 땅재주, 줄타기 등을 겸하여 익혔고, 그의 춤은 남도(南道) 것을 주로 한 민속무용(民俗舞踊)이었다. 그의 춤이 벌서 일가(一家)를 이룰 정도이기는 하였으나 누가 이것을 알아주는 사람은 없었고, 자신도 민족무용을 한다는 큰 긍지나 정확한 확신을 가진 것은 아니었다.

더구나 동학의 난리가 있은 후로는 사회가 흉흉하였고, 생계(生計)가 말이 아니었다. 결국 한성준은 북 들고 춤추며 각처를 유랑하는 몸이 되었다. 오늘은 동, 내일은 서로 낯설고 물 선 마을을 떠돌아다닌 것이다.

국중패 남사당이란 것이 있었다. 이것은 소고(小鼓)를 들고 동네 안을 고루 다니며 고사를 대신 지내주는 것이었다. 그러면 소반에 쌀을 얹은 것을 내어주는 습관이어서 이것이 수업이 되었다. 그러나 가난한 마을에서 주는 쌀은 보잘 것 없었고 그나마 보리나 조가 되기가 일쑤였다. 이것을 일행이 노나 가지자면 겨우 끼니를 잇는 정도에 지나지 않았다.

그래도 좀 나은 것은 당굿 때였다. 당굿이란 정월 초부터 대보름까지 사이에 계속되는 것이어서 누구나 마음이 푸근할 때였다. 쌀을 내어주어도 다른 때보다는 나았고, 음식을 먹어도 배불리 먹을 수 있었다.

재주가 있다고 하여도 결국 걸인생활에 지나지 않은 나날이었고, 거기에다 광대니 남사당이니 하여서 천대와 업신여김을 받아야만 하였다. 그러나 북 들고 나서면 한성준은 신명이 나서 손짓발짓을 하였고 어깨를 으쓱였다. 눈물이 나도록 설움에 젖은 춤이기도 하였다.

"허, 신이 씌웠어…."

일반구경꾼들만이 아니라 한성준의 대하여는 동료들도 칭찬이 자자

---

11) 박용구, "풍류명인야화 : 명무 한성준 8" 동아일보, 1959년 8월 26일, 4쪽.

하였다. 신이 씌우지 않고서는 그렇게 출 수 없다는 것이었다.

"암, 신이 씌우고 말고…"

"드문 춤이지… 저러구도 오래 살까?"

춤이 너무나 청승맞고 잘 되서 그 재주에 압도되어 명이 짧을지도 모른다는 공론들이었다. 한성준은 보는 사람이 많건 적건, 칭찬을 하건 욕을 하건, 그저 신명을 돋우어서 덩실덩실 춤을 추었고, 등골에 땀에 촉촉이 배어나고 길게 숨을 몰아쉴 때는 허탈하게 허공을 바라보며 말도 없었다. 이러한 유랑의 생활은 거의 십 년간이나 계속되었다. 그동안 안 다닌 지방이 별로 없었고 또한 춤도 나날이 그 재주가 점점 늘어갔다.

— 그림·구인회(具仁會)

朴容九

名舞韓成俊 (八)

韓成俊은 춤만이 아니다。북과 명제주、줄타기 등을 겸하여 익혔고、그의 춤은 南道것을 주로 한 民俗舞踊이었다。그의 춤에 벌써 一家를 이루었었고、자신도 민소리이기는 하였으나 누가 이것을 알아주는 사람은 없었고、대신지내주는 정도이기는 하였으나 누가 가난한 마을에서 주는 쌀은 보잘것 없었고、그나마 보리나 조가 되기가 일쑤였다。이것을 일행이 노나가지자면 겨우 끼니를 잇는 정도에 지나지 않았다。

그래도 좀 나은것은 당식을 얻어먹어도 배불리 먹을수 있었다。

『허、신이 씌웠어…』

일반 구경군들만이 아니었다。結局 韓成俊은 북들고 춤추며 각처를 유랑하는 몸이 되었다。오굿때였다。당굿이란 정월 초

늘은 동、내일은 서로낮설고 물선 마을을 떠다니는 것이다。

국중패 남사당이란 것이 있었다。이것은 小鼓를 들고 동네 안으로 고루다니며 고사를 지내주는 습판이어서 이것이 곧 대신지내주는 것이 수입이 되었다。그러나 가난한 마을에서 주는 쌀은 보잘것 없었고 그나마 보리나 조가 되기가 일쑤였다。이것을 일행이 노나가지자면 겨우 끼니를 잇는 정도에 지나지 않았다。

그래도 좀 나은것은 당식을 얻어먹어도 배불리 먹을수 있었다。

부터 대보름까지 사이에 계속되는 것이어서 누구나 마음이 푸근할때 쌀을 내어주어도 다 쌀을 내어주어도 다 광대니 남사당이니 하여서 천대와 업신여김을 받아야만 하였다。

그러나 韓成俊은 신이나면 손짓 발짓을하여 명이나 나서면 韓成俊은 보는 사람의 욕을 하건、칭찬을 하건、그저 신명을 돋우어서 명실멍실 춤을 돌우고、등골에 땀이 배어나고 길게 숨을 몰아쉴때는 허탈한 허공을 바라보며 막도없이 좋았다。

『암、신이 씌우고 말고…』

『드문 춤이지… 저러구도 오래 살까?』

춤이 너무나 청승맞고 하여서 제주에 압도되어 명이 짧을지도 모른다는 공론들이었다。韓成俊은 많건 적건、많은 사람들이 보는 앞에서 추는 것이 좋았고、별로 재주가 없었던지 또한 춤도 나날이 그 재주가 점점 늘어갔다。

이러한 유랑의 생활이 어인지 그 십년간이나 계속되었다。그동안 안 다닌데지방이 별로 없었고 또한

(그림・具仁會)

초부터 대보름까지 사재주가 있다고 하여도 결국 절인생활에 지나지 자자하였다。신이 씌우지 않고서는 그렇게 출수없다는 것이었다。

10. 명무 한성준 9 〈박용구 작, 「풍류명인야화」 79〉[12]

한성준(韓成俊)은 노기(老妓) 향선(香仙)에게서 근처 절간으로 오라는 연락을 받은 적이 있었다. 그저 춤을 보거나 북을 들으려고 오라는 줄만 알고 한성준은 어울려 다니던 김 서방(金書房)과 같이 가겠노라고 통지를 하였다.

그러나 향선 쪽에서는 재주도 재주이려니와 미끈하게 미남으로 생긴 것에 반하여 하루저녁 잠자리를 같이 하려는 생각에서였다. 한성준 쪽에서 김 서방과 같이 온다는 바람에 방 둘을 잡고 만만한 동기(童妓)를 하나 데리고 갔다. 나란히 있는 두 방 앞에 이르자 향선은 동기에게 윗방으로 들어가게 하였고, 자기는 아랫방으로 들어갔다. 아무렇게나 김 서방에게 동기를 맡겨놓고 자기는 한성준과 무궁한 재미를 보려는 생각에서였다. 그러나 어떻게 된 착각이었는지 두 사람이 들어간 방은 서로 바뀌어 있었다.

영문을 모르고 있던 한성준은 향선 대신에 동기가 들어와서 잠시 당황하기는 하였으나, 동기의 손목을 끌어 낚았다. 동기는 미리 향선에게서 들은 말이 있었던 고로 아무 반항 없이 품에 안겨왔다.

놀란 것은 향선이었다. 좀 몸단장을 고치느라고 주춤거리다 들어서니 방안에는 낯모를 사람이 무료하게 앉아있는 것이었다. 방이 바뀌었다는 것을 알고 급히 동기를 집어넣은 방 앞으로 왔으나 벌써 방안의 기색은 심상치 않아 불쑥 문을 열 수가 없었다.

"어린 것이 사내를 바치기는…"

자기가 미리 당부하였던 것도 잊고서 향선은 입술을 질겅질겅 씹었으나 이미 엎지른 물이었다. 할일없이 다른 방으로 왔으나 김 서방과 마주

---

12) 박용구, "풍류명인야화 : 명무 한성준 9" 동아일보, 1959년 8월 27일, 4쪽.

風流名人夜話 (87)

名舞 韓成俊 (九)

朴容九

姸에게 옷방으로 들어가
재하였고, 자기는 아랫방
으로 들어갔다. 아무렇게
나 근처 절간으로 오라는
연락을 받은적이 있었으
나 金書房에게 童妓를 말
그러고 춤을 보거나 복을들으
려고 오라는줄만알고
韓成俊은 어울려다니던 金
書房과 같이 가겠노라고
지물하였다.

그러나 香仙쪽에서는 재
주도 제주려니와 미끈하게
미남으로 생긴것에반하여
하루저녁 잠자리를 같이
하려는 생각에서였다. 韓
成俊쪽에서도 金書房과같
이온다는바람에 밤을들과같
잡고 막만한童妓를 하나
데리고갔다.

에 이르자 香仙은 무방앞

韓成俊은 老妓香仙에게
姸에게 웃방으로 들어가
겨놓고 자기는 韓成俊을 말
무궁한 재미를 보려는 생
각에서였다. 그러나 어떻
게된 작각이었든지 두사
람이 들어간 방은 서로
바뀌어 있었다.

명문을 모르고 있던 韓
成俊은 香仙 대신에 童
妓가 들어와서 잠시 당
황하기는 하였으나, 童妓
의 손독을들어 낚우었다.
童妓는 미리 香仙에게서
일이 있으므로
다른방으로
로 왔으
나 순할
房과마
주앉았기
는 싫었
다. 속이
까…」
「누굴 망신시키고 또
조롱까지인가?」
금시에 싸움이라도 벌
어질것 같은 험악한 공
기가 떠돌기 까지 하였
다. (그림·뭣仁會)

童妓는
좀 몸단장을 고치느라고

에 이르자 香仙은 童
妓를 집에 香仙은 밤새도록 날락
하였으나 韓成俊의 방에서 심
어넌 방앞으로 왔으나
을 알고 급히 童妓를 집
상치 않아 부숙 문을열
별써 방안의 기색은 심
는 그런것 아랑곳 없이
재미를 보는 기색이었다.

香仙은 자기가 저지른
실수라 잔득 부어서 새
벽 일찌기 돌아가 버렸
고, 韓成俊은 별로 생각
지 않는 童妓와 하루저
녁을 지낸것이었다. 이튿
날에 골탕을 먹은것은 金
書房이었다.

「여보게, 사람을 어떻
게 보고서 이런 망신을
주는가?」
미 옇지……
든 물이
었다. 할
려들것 같은 얼굴
이었다.
「난들 아나……!」
「뭐?」 저 혼자서 재
미를 보고 내게는 늙은
房과 바가지 같은 것을 영
기고서……」
「글쎄 나도 모른다니
까…」

주춤거리다 돌어서드니 방
안에는 낮모를 사람이 무
료하게 앉아있는 것이었
다. 방이 바뀌었다는 것

수가 없었다.
「어린것이 사내를 바
꾸고서……」
당부하였든
꽃 같은 童妓는 미리
잊고서 香仙은 입을
金書房은 금시에라도 달

〈그림 7〉 박용구, "풍류명인야화 : 명무 한성준 9", 동아일보, 1959년 8월 27일, 4쪽.

앉았기는 싫었다. 속이타고 분한 생각에 향선은 밤새도록 들락날락하였으나 한성준의 방에서는 그런 것 아랑곳없이 재미를 보는 기색이었다. 향선은 자기가 저지른 실수라 잔뜩 부어서 새벽 일찍이 돌아가 버렸고, 한성준은 별로 생각이 없는 노기가 아니라 꽃 같은 동기와 하루저녁을 지낸 것이었다. 이 통에 골탕을 먹은 것은 김 서방이었다.

"여보게, 사람을 어떻게 보고서 이런 망신을 주는가?"

김 서방은 금시에라도 달려들 것 같은 험한 얼굴이었다.

"난들 아나…!"

"뭐? 저 혼자서 재미를 보고 내게는 늙은 바가지 쪽같은 것을 앵기고서…"

"글쎄 나도 모른다니까…"

"누굴 망신시키고 또 조롱까지인가?"

금시에 싸움이라도 벌어질 것 같은 험악한 공기가 떠돌기까지 하였다.

– 그림·구인회(具仁會)

11. 명무 한성준 10 〈박용구 작, 「풍류명인야화」79〉[13]

한성준(韓成俊)이 21세 때 유랑생활은 평양(平壤)에까지 미쳤고, 이때는 공교롭게도 관찰사(觀察使)의 생일잔치가 벌어지고 있을 때였다. 한성준이 춤을 비롯하여 여러 가지 재주가 있다는 이야기는 벌써 소문이 났던 터라 대환영이었다. 더구나 평양에서 명기(名妓)로 이름이 높던 예년, 고월선(高月仙), 명화(名花) 등이 반겨서 맞아주었다.

"어서 오시오. 먼 길을 어찌 오시었소?"

누구나의 얼굴에 희색이 감돌았다.

"예."

"남도(南道) 사람을 대하니 반갑기가 더하군요."

명기들은 서로 얼굴을 쳐다보며 기꺼워하였다. 한성준이 남도(南道) 놀음이 일등이라고 들었고, 이제 눈앞에 보게 되니 반갑다는 이야기였다. 남도의 춤이나 가락은 평양에서는 그리 흔하게 볼 수 없는 것 중의 하나였기 때문이었다.

"소문에 듣던 한성준인가?"

"예."

관찰사도 불러서 보고 빙긋이 웃음을 띠었다. 한성준은 인사 대신으로 춤을 추었고, 관찰사를 비롯한 여러 명기들은 덩달아 어깨춤을 추기도 하였고, 칭찬이 자자하였다. 생일잔치는 점점 무르익어가서 〈부벽루(浮碧樓)놀음〉이 시작되었다. 인근 고을이 원들을 비롯하여 수많은 사람들이 모인 가운데 잔칫상은 대동강(大同江)을 바라보는 부벽루에 마련이 되었다. 멀리서 이 잔치를 구경하고자 모여든 사람들도 많았거니와, 이 일대(一帶)는 색향(色響)이란 이름이 있으니만큼 비단장수가 많았다. 한

---

13) 박용구, "풍류명인야화 : 명무 한성준 10" 동아일보, 1959년 8월 28일, 4쪽.

성준이 덩실덩실 춤을 추고 한 가락이 끝나자 관찰사는 피륙14)의 반을 부벽루 계하(階下)로 쏟아 내렸다.

"옛다! 이것은 수고한 값이다!"

관찰사는 호탕하게 웃었고 명기들의 가르르 웃는 소리와 손뼉 치는 소리가 요란하였다.

"너무나 분에 넘치는 처분…"

한성준은 허리를 굽혔고, 다시 춤을 추기 시작하였다. 한성준의 춤은 조금도 싫증을 나게 하지 않았기에 연방 더 추자는 청이 들어왔고, 그럴 때마다 비단이 계하로 쏟아져 내렸다. 호탕하고 호화로운 놀음이었고, 질탕한 생일잔치였다. 해가 기울도록 한성준의 춤이 독차지로 좌석의 흥을 돋우었고, 한성준의 몫으로 계하로 쏟아져 내린 비단은 여러 필(匹)이 되었다.

한성준은 춤의 신명만이 아니라 절로 입이 벌어졌고 어깨가 으쓱여졌다. 하루에 이렇게 많은 것을 벌기도 드문 일이었다. 한성준은 의기양양하게 비단을 가지고 고행으로 돌아갔다. 유랑생활 십 년 가까운 동안에도 드물게 있었던 흐뭇한 노릇이었다.

- 그림·구인회(具仁會)

---

14) 피륙 : 비단 따위의 천을 통틀어 이르는 말.

名舞韓成俊 (十)

韓成俊이 二十一歲때 유랑생활은 平壤에까지 미쳤고, 이때는 공교롭게 미리 韓成俊의 생일잔치가 벌어지고 있을 때였다. 韓나라의 춤을 비롯하여 여러 가지 재주가 있다는 이야기는 벌써 소문이 났다.

먼 터라 대환영이었다. 머구나 平壤에서 名妓로 이름이 높던 예년, 高月仙·明花등이 반겨서 맞아주었다.

「어서 오시오. 먼 길을 어찌 오시었소?」

韓成俊은 인사 대신으로 누구나의 얼굴에 희색이 감돌았다.

「예。」

「南道사람을 대하니까 반갑기가 더하군요。」

名妓들은 서로 얼굴을 쳐다보며 기꺼워하였다. 韓成俊이 南道놀음이 일등이라고 들었고, 이제는 눈앞에 보게되니 반갑다는 이야기였다. 南道의 춤이 平壤에서는 그리 혼하게 볼수 없는것은 중의 하나였기 때문이었다.

「소문에 들으면 韓成俊인가?」

「예。」

觀察使도 불러서 보고

시작되었다. 인근 고을의 느니만큼 비단장수가 탐나고, 다시 춤을 추기 시원들을 비롯하여 수많은 작하였다. 韓成俊의 춤을 사람들이 모인 가운데 잔조금도 실증을 나게 하치상은 大同江을 바라보지 않았기에 연방 더추을 추고 한 가락이 끝나자 觀察使는 피링때마다 비단의 階下로 리자 청이 들려왔고, 그 쏟아져내렸다. 호탕하고호樓階下로 浮碧 한 생일잔치였다.

루의 반로 쏟아 해가 기울게되자 韓成俊내렸다. 의 춤은 독차지로 좌석觀察使 의 춤을 돋우었고, 韓成「이것 俊의 몸으로 階下로 쏟은 수 아겨내린 비단은 여러匹이 되었고 四고 한 이 되었다.

갈이다. 韓成俊은 춤의 신명만 觀察使 이 아니라 절로 입이여벌 어졌고 어깨가 으쓱겨졌은 호탕다. 하루에 이렇게 많은 옷것을 벌기도 드문 일이었다. 韓成俊은 의기양양하게 비단을 가지고 유랑생향으로 돌아갔다. 한成俊은 소리와 손벽치는 소리가 멀리서 이 잔치 요란하였다. 를 구경하고자 모여든사「너무나 분에 넘치는 람들도 많았거니와, 이일 처분…」 때는 色郷이란 이름이 있韓成俊은 허리를 굽혔는 浮碧樓에 마련이 되었고 名妓들의 가기도 하였다. 觀察使를 비

는 浮碧樓에 마련이 되었고 名妓들의 가무도 활심년 가까이 있었던 호웃한 노릇이었다.

（그림·具仁會）

〈그림 11〉 박용구, "풍류명인야화 : 명무 한성준 10", 동아일보, 1959년 8월 28일, 4쪽.

12. 명무 한성준 11 〈박용구 작, 「풍류명인야화」79〉[15]

서대문(西大門) 안에 원각사(圓覺社)가 창설(創設) 되었을 때 한성준(韓成俊)은 서울에 있었다. 그의 춤과 북이 인정되어 이곳 무대에 서게 되었고 연흥사(演興社) 무대에도 섰다. 이 무렵에 한성준은 전속(專屬)으로서 월급(月給) 45원이었다고 한다. 유랑생활 때 비한다면 엄청난 수입(收入)이었고 비로소 생활의 안정이 얻어진 것이었다.

한성준이 32세 때 5월 단오(端午) 날의 일이었다.

연흥사에서 낮공연을 끝마치고 나오는데 누가 지긋이 옆구리를 건드리는 사람이 있었다. 흘낏 쳐다보니 장옷을 쓴 부인이었다. 기이하기도 하였거니와 오라는 신호인 줄 알고 한성준은 따라갔다. 남색 끈이 달린 장옷을 입어서 부인의 얼굴은 볼 수 없었다. 얼마를 가다가 한적한 골목에 이르자 부인은 걸음을 멈추고 되돌아섰으나 역시 장옷에 감춰져서 보이지는 않았다. 부인은 불쑥 조그만 보따리를 내밀었고, 한성준은 얼떨결에 받아들었다. 보따리를 받는 것을 보고는 장옷 입은 부인은 어디론가 사라져버렸다. 한성준은 한동안 넋을 잃고 사라지는 부인을 바라보고 있다가 보따리를 풀어보니, 그것은 밀통사 조끼였다.

"오오라, 모두들 이것을 입었는데, 나만 아직 못 입었으니까."

한성준은 고개를 끄덕였다.

"그러나 누가 이렇게 고마운 일을 하였을까?"

도무지 알 수 없는 일이었으나, 또한 그런 일도 있으려니 생각하고 시일이 지나갔다. 그런지 한 달쯤 지난 뒤의 일이었다. 역시 공연을 마치고 나오는데 남색 끈 달린 장옷을 입은 부인이 기다리고 있었다.

"허!"

---

15) 박용구, "풍류명인야화 : 명무 한성준 11" 동아일보, 1959년 8월 29일, 4쪽.

風流名人夜話

名舞韓成俊 (十一)

朴容九 (89)

韓成俊은 四大門 안에 圓覺社가 創設되었을때, 韓成俊은 서울에 인정되어 이곳에 北村에 서게 되었다. 그의 솜씨와 大師에도 섰다. 이무대에도 演興 社에 무대에 섰다. 韓成俊은 京城으로 렴에 四月給 四十五圓이었다 하고 서 四月給 四十五圓이었다 한다. 유랑생활 할 때에 고 비한다면 실로 엄청난 牧入이었고 비로소 생활의 안정이 얻어진 것이었다.

韓成俊이 三十二歲때 五月 端午날의 일이었다. 演興社에서 낮공연을끝 마치고 나오는데 두가지 굿이 벌구리를 전들어나는 사람이 있었다. 흥껏 처다보니 장옷을 쓴 부인이었다. 기이하기도 하였거니와 신호인줄 알고 韓成俊은따라갔다. 남색 끈이 달린 장옷을 입어서 부인의 얼굴은못 보고는 장옷 입은 부인은 얼마를 가다 이르러 어디론가 사라져버렸다.

장옷에 감취져서 보이지 않았다. 부인은 불쑥 조그만 보따리를 내밀었고, 韓成俊 의 일이었다. 한달쯤 지남뒤 의 공연 또 마치고 나오는데 남 색끈 달린 장옷을 입은 부인이 기다리고 있었다.

「허—!」

<이하 본문은 도판 주위 세로쓰기로 이어짐>

韓成俊은 한동안 넋을 잃고 사라지는 부인을 바라보고 있다가 살며시 보따리를 풀어보니, 그것은 밀통사로 끼었었다.
「오오라, 모두들 이것을 입었는데, 나만 아직…」
이번에도 그 부인은 정을을 멈추고 되돌아섰으나 역시 못입었으니까…」

韓成俊은 반가운 생각이 돌았으나 뭐라고 말을 할수 없어 그대로마 선에 이르기까지의 완전히 갖춰진 일식의 옷이었다. 두루마기, 행견, 버선에 이르기까지의 완전히 갖춰진 일식의 옷이었다.

韓成俊은 무대에 서서 자주 관객석을 훑어보는 버릇이 생겼다. 혹시 남색끈 달린 장옷을 보는 부인이 보일까 하고… 이런 주의를 기울이기 여러날만에 韓成俊은 무대를 바라보고 있는 부인을 발견하였다. 남색끈 달린 장옷을 벗어서 들고 있는 부인은 또 한 젊은 여인이 돌어지게 무대를 바라보고 있었다. 韓成俊은 눈여겨보아 이 두여인이 얼굴이 비슷한 듬으로 형제간이라는것 까지 짐작할수있게되었다.

「신기한 일이로다」

(그림 · 具仁會)

〈그림 12〉 박용구, "풍류명인야화 : 명무 한성준 11", 동아일보, 1959년 8월 29일, 4쪽.

한성준은 반가운 생각이 들었으나 뭐라고 말을 할 수 없어 그대로 따라갔다. 이번에도 그 부인은 보따리를 내어 밀었고 덤덤히 받았다. 그 속에는 옷이 한 벌 들어 있었다. 두루마기, 형견, 버선에 이르기까지의 완전히 갖춰진 일식의 옷이었다.

한성준은 무대에 서서도 자주 관객석을 훑어보는 버릇이 생겼다. 혹시 남색 끈 달린 장옷을 입은 부인이 보일까 하여서였다.

이런 주의를 기울이기 여러 날 만에 한성준은 무대를 바라보고 있는 부인을 발견하였다. 남색 끈 달린 장옷을 벗어서 들고 있는 부인인 삼십이 가까워 보였다. 그 옆에는 또한 꽃같이 생긴 젊은 여인이 뚫어지게 무대를 바라보고 있었다. 한성준은 눈여겨보아 이 두 여인이 얼굴이 비슷한 품으로 형제간이라는 것까지 짐작할 수 있게 되었다.

"신기한 일이로다."

− 그림·구인회(具仁會)

13. 명무 한성준 12 〈박용구 작, 「풍류명인야화」79〉[16]

이렇게 시작된 옷 선사는 이후에도 한 달에 한 번쯤은 받게 되었다. 한성준(韓成俊)은 무대에 서면 의례히 관객석으로 주의가 갔고 그 여인들이 있으면 더욱 신명이 나는 것이었다.

이럭저럭 한 일 년의 지나서의 일이었다. 한성준은 연흥사(演興社) 문 앞에서 남색 끈이 달인 장옷을 쓴 부인을 만났다. 이제는 낯이 익어 한성준은 빙긋이 웃기까지 하였다.

"내 뒤를 따라 오시오."

부인의 말에 한성준은 잠자코 따라갔다. 시구문 안의 어느 초가집에 이르러서 부인은 안으로 들어갔고 한성준이 뒤를 따라 들어갔다. 마당에 들어서기는 하였으나 집안은 고요하기만 하였고, 인기척이 없었다. 얼마가 지나서야 노파가 대청에 나와서 불렀다.

"어서 이리로 올라오시오."

한성준은 말없이 대청으로 올라섰고, 방문을 열어주는 데로 안방으로 들어섰다. 방안에는 언제나 남색 끈이 달린 장옷을 입고 오던 부인이 아니라 그 옆에 앉았던 젊은 여인이 도사리고 앉아서 고개를 숙이고 있었다.

첫 대면은 아니었고, 무대에서 여러 번 보던 얼굴이었으나 한성준은 머뭇거리며 그 앞에 앉았다. 여인은 여전히 말없이 얼굴을 붉히고 있을 뿐이었다. 그제야 한성준은 이제까지의 모든 일은 이 여인의 뜻에서 나온 것이었고 언니는 그저 심부름만 하였다는 짐작이 갔다.

말없이 마주 앉았기가 가슴 답답하였고, 격해 흐르는 감정을 누르기 어려워 한성준은 여인의 손목을 덥숙 쥐었다.

---

16) 박용구, "풍류명인야화 : 명무 한성준 12" 동아일보, 1959년 8월 30일, 4쪽.

"당신 같은 귀한 몸으로 어찌하여 이런 사람에게 그렇게 정성을 쓰십니까?"

여인은 여전히 말이 없었으나 얼굴을 붉혔고, 잡힌 손을 뿌리치지는 않았다. 맛있게 끓여진 떡국이 들어왔으나, 별로 식욕이 나지 않았고, 여인도 겸상에 앉기는 하였으나 두어 술 뜨고는 그만이었다.

"내일 낮에 광교(廣橋)다리에서 기다리시오."

한성준이 나올 때 남색 끈이 달린 장옷을 입은 부인은 이렇게 속삭이듯 말하였다.

이튿날, 약속한 곳에서 만나 다시 안내되어 온 한성준은 아리따운 여인과 한 자리에서 밤을 새웠다. 그저 꿈결 같기만 한 선경놀음이었다. 그러나 하루의 인연으로 끊어졌고, 여인들은 다시는 연흥사(演興社)에 나타나지 않았다. 남색 끈이 달린 장옷도 볼 수 없었다.

"참, 신기하고 알 수 없는 일입니다. 이제까지 잊혀지지 않는 일이구요…"

후에 한성준은 지나간 날을 더듬으며 하룻밤의 인연을 맺었던 여인을 회상하여 이렇게 말하였다.

― 그림·구인회(具仁會)

風流名人夜話 (90)

名舞韓成俊 (十二)

朴容九

이렇게 시작된 웃선사는 이후에도 한달에 한번씀은 받게 되었고, 韓成俊은 무대에 서면 의례히 판객석으로 주의가 갔고 그여인들이 오면 더욱 신명이 나는 것이었다.

이력저력한 일년이 지나서의 임이었다. 韓成俊은 演興社문앞에서 남색끈이 달린 장옷을 쓴 부인을 만났다. 이재는 낯이 익어 韓成俊은 빙긋이 웃기까지 하였다.

「내 뒤를 따라 오시오.」

부인의 말에 韓成俊은 잠자코 따라갔다. 시구문 안의 어느 초가집에 이끌이었으나.

르러서 부인은 안으로들어갔고 韓成俊이 뒤를따라 들어갔다. 마당에 들어서기는 하였으나 집안은 고요하기만 하였고, 인기척이 없으나 얼마가 지나서야 노파가 대청에 나와서

「어서 이리로 올라오시오.」

韓成俊은 말없이 대청으로 올라섰고, 방문을열어주는데로 안방으로 들어섰다. 방안에는 언제나 남색끈이 달린 장옷을입고 오던 부인이 아니라 그곁에 앉았던 점은여인이 도사리고 앉었다.

제까지의 모든일은 이여인의 뜻에서 나온것이고 언니는 그저 섬부름만하여 들어왔으나, 별로 식나지 않았고, 여인도 겸상에 앉기는 하였으나 두말없이 마주 앉았기가 상하여 이렇게말하였다.

韓成俊은 지나간 그 날을 더듬으며 하룻밤의 인연을 맺었으면 여인을회상하여 이렇게말하였다.

(그림·具仁會)

뭇거리며 앞에앉어갔다. 여인은 여전히 말없이얼굴을 붉히고 있을뿐이었다. 그제서야 韓成俊은이 묵을 멈숙쥐었다.

「당신 같은귀한 몸으로어찌하여 이런사람에게 만나 이렇게 정성을 그저꿈결같기만한 정눌음이었다.

그러나 하루의 인연으로 끊어졌고, 여인 들은 다시는 演興社에 나타나지 않았다. 남색끈이 달린 장옷도 볼수없었다.

「참, 신기하고 알수없는 일입니다. 이제까지 잊어지지않는 일이구요…」

여인은 이말이 끝나자 다시 얼굴을 붉혔고, 잡힌 손을 뿌리치지는…

가슴 답답하였고, 격해오는 감정을 누르기 어려워 韓成俊은 여인의손에서

「내일 낮에 廣橋다리에서 기다리시오.」

술 뜨고는 그만이었다.

韓成俊이 나올때 남색끈이 달린 장옷을 입은 부인은 이렇게 속삭이듯 말하였다.

〈그림 13〉 박용구, "풍류명인야화 : 명무 한성준 12", 동아일보, 1959년 8월 30일, 4쪽.

14. 명무 한성준 13 〈박용구 작, 「풍류명인야화」79〉[17]

이 무렵 쟁쟁한 세도가인 김 대감(金大監)의 소실(少室)에 월랑(月娘)이란 여인이 있었다. 월랑은 기생 출신이었고 노래 잘 부르고 춤 잘 추는 여인이었다. 언제나 집에서 질탕한 놀이를 벌이는 것을 좋아하였다. 그러나 이때는 국망(國亡) 직전으로서 많은 외채(外債)를 갚기 위하여 국민운동이 벌어졌고 전국적으로 가무(歌舞)는 금지되고 있었다. 이 속에서 월랑은 그냥 참고 있기 어려워 명창(名唱)인 박모(朴某)와 고수로서 한성준이 불려갔다. 때가 때이니만큼 두 사람은 내행으로 꾸며서 서슬대문 드높은 안으로 들어갔다.

"어서 오시오."

월랑은 요염하게 웃었고 배반이 즐비하게 음식이 마련되어 있었다. 금시에 놀이 좌석이 벌어져 흥취가 돋우어졌다. 한성준은 재주를 다하여 북을 두드렸고 좌석은 무르익어 가고 있었다.

"아씨!"

질탕한 판에 계집종이 황급하게 뛰어들었다.

"대감께서 나오신답니다."

"응?"

청천의 벽력이었다. 김 대감이 늦게야 돌아올 줄 알고 벌였던 좌석이어서 월랑도 기겁을 하였거니와 박모와 한성준은 얼굴빛이 변하여서 서성거리기만 하였다.

"어서 상을 내가도록 하여라!"

월랑은 급히 서둘러 상을 치우게 하였으나, 두 사람을 있게 할 곳이

---

17) 박용구, "풍류명인야화 : 명무 한성준 13" 동아일보, 1959년 9월 1일, 4쪽.

없었다. 벌써 김 대감은 대문 안에 들어섰다니 나가게 할 수는 없었고,
그렇다고 들켰다가는 벼락이 떨어질 판이었다.

"어서, 어서 저리로…"

황급한 월랑은 다락을 가리켰고, 한성준이 앞서서 다락으로 올라가기
시작하였다. 다락이 높아서 박모가 붙들어 주었고, 한성준은 엉금엉금
기어 들어갔다.

"흠, 으흠!"

벌써 김 대감의 기침소리가 들렸다. 한성준은 급히 다락문을 닫았고,
박모는 채 다락에 올라가지 못하였기에 병풍 뒤에 숨었다.

"으흠!"

"벌써 나오시어요?"

월랑은 그런 기색을 보이지 않고 억지로 웃음을 띠면서 일어나 맞았다.

"응, 일이 일찍 끝나서 벌써 나오는 길이다."

"그러세요…"

김 대감은 보료에 앉았고, 월랑은 조마조마 가슴이 조여드는 듯하였
다. 병풍 뒤에 숨은 박모는 숨을 죽였고, 등골에 서는 식은땀이 흘러내
렸다. 다락 속에 들어간 한성준은 어두운 속에서 쪼그리고 앉아서 귀를
기울였으나, 그것도 지쳐서 어느덧 쓰러져 잠이 들고야 말았다.

– 그림·구인회(具仁會)

名舞韓成俊 (十三)

朴容九

이무렵 쟁쟁한 세도가
인 金大監의 小室에 月
娘이란 여인이 있었다.
月娘은 기생출신이었고노
래 잘 부르고 춤 잘추
는 여인이었다. 언제나 月
娘은 질탕한 놀이를 벌
리는 것을 좋아하였고노
그러나 이때는 國亡직전
이므로서 많은 外債를 갚
기 위하여 국민운동이 벌
어졌고 전국적으로 歌舞
는 금지되고 있었다.
이 속에서 月娘은 그
냥 참고 있기어려워 名
唱인 朴某와 고수로서 韓
成俊을 벽력이었다. 때가 때
이니만큼 두사람은 슬대문
드높은 안으로 꾸며서 숨
행으로 들어갔다.
『어서 오시오.』
月娘은 요염하게 웃었
고 벌렸던 좌석 이어서
月娘도 기집을 하였거니
와 朴某와 韓成俊이 앉서서
식이 마련되어 있었다.
금시에 눌이 좌석에 벌
굴빛이 번하여서 서성거
리쳤고, 韓成俊이 앉서서
말았다. (그림・具仁會)

어쩌 흥위가 돌아어졌다.
韓成俊은 재주를 다하여
좌석은무 수는 없었고, 그렇다고 들
리는 것을 좋아하였으나
무릇어 가고 있었다.
『아써

『어서, 상을 내가도록
하여라!』
月娘은 급히 서둘러상
을 치게하였으나, 두사람
은 金大監의 대문 안
에 들어섰다니 나가게 할
수는 없었고, 그렇다고 들
가지 못하였기에 병풍뒤
朴某는 채 다락에 올라
가지 못하였기에 병풍뒤
에 숨어있었다.

『응, 일이 일찍 끝나
서 벌써나 오는길이다.』
月娘은 그런 기색을 보
이지 않고 억지로 웃음
을 띄면서 일어나 맞었
다.
『벌써 나 오시어요?』
『그러세요…』
金大監은 보로에 앉았
고 月娘은 조마조마
하며 병풍 뒤에 숨은 朴某
는 숨을 죽였고, 등골에
서는 시근 땀이 흘러내
렸다. 다락 속에
韓成俊은 어두운 속에서
쪼그리고 앉아서 귀를 기
울였으나, 그것도 지쳐서
어느덧 쓰러져잠이들고야

다락으로 올라가기시작
하였다. 다락이 높아서 朴某
가 붙들어 주었고, 韓成
俊은 영금영금기어 들어
갔다.
『흠, 으흠!』
벌써 金大監의 기침소
리가 들렸다. 韓成俊은 급
히 다락 문을 닫았고,
朴某는 채 다락에 올라
가지 못하였기에 병풍뒤
에 숨어었었다.

〈그림 14〉박용구, "풍류명인야화 : 명무 한성준 13", 동아일보, 1959년 9월 1일, 4쪽.

15. 명무 한성준 14 〈박용구 작, 「풍류명인야화」79〉[18]

다락 속에서 잠이 든 것까지는 좋았다. 그러나 어느 사이에 숨어 있다는 긴장이 풀렸는지 점차로 코를 골기 시작하였다. 그도 그럴 것이 한성준(韓成俊)의 코 고는 것은 유명하였고, 옆에 있는 사람이 잠을 이루지 못할 정도였다. 김 대감(金大監)이 들어오기는 하였으나, 곧 되나갈 것으로 짐작하고 있던 월랑(月娘)의 초조란 이루 말할 수 없었다. 이날따라서 김 대감은 청저침하게 누워서 담배까지 피워 물었다. 한성준이 코를 골기 시작하는 것을 먼저 눈치 챈 것은 병풍 뒤에 숨어있는 박모(朴某)였다.

"저런, 저런…"

속이 탔으나 한성준에게 왜 이러냐고 말리는 도리가 없었다. 스스로도 숨어있는 터이니 다락으로 들어갈 수도 없고 그렇다고 듣고만 있자니 간이 오글어드는 심사였다. 다음으로 코고는 것을 알아차린 것은 월랑이었다. 가슴이 철렁하면서 김 대감을 흘낏 쳐다보았으나 아직은 눈치 채지 않은 듯하였다. 그러나 코 고는 것은 점차로 커질 것이고 그렇게 되면 발각이 되고야 만다. 그러는 날에는 집안이 발칵 뒤집히는 것은 물론이어니와 월랑 자신의 신세도 아주 끝장을 보게 되는 것이다. 안절부절을 못하던 월랑은 문득 한 꾀를 생각하여 내었다.

"대감."

"응."

"오늘은 어쩐지 노래가 부르고 싶사오니 허락하여 주십시오."

"그러지…"

월랑은 워낙 잘하던 솜씨여서 창을 부르기 시작하였다. 한성준의 코

---

18) 박용구, "풍류명인야화 : 명무 한성준 14" 동아일보, 1959년 9월 2일, 4쪽.

고는 소리가 김 대감 귀에 들어가지 않게 하기 위하여 부르는 창이었다. 병풍 뒤에 숨었던 박모는 겨우 숨을 몰아쉬었다. 월랑은 연거푸 몇 번이고 창을 불렀거니와, 언제까지 가야 끝이 날지 모르는 노릇이었다.

"급히 입시하시랍니다."

얼마가 지나서야 요행으로 이런 전갈이 왔고, 김 대감은 부시시 자리에서 일어났다. 월랑은 김 대감이 나간 뒤에서야 땅이 꺼지게 한숨을 쉬었다.

"아니, 여보게…"

역시 한숨을 몰아쉰 박모는 병풍 뒤에서 나와서 다락문을 열었다.

"어, 왜 그러나?"

그제서야 한성준은 부시시 다락에서 머리를 내밀었고, 박모는 혀를 끌끌 찼다. 월랑은 너무나 어처구니없고 목이 가라앉아서 말도 나오지 않았다. 한성준은 자기가 큰일을 저지를 뻔하였다는 것도 모르는 듯 어슬렁어슬렁 다락에서 내려왔다.

— 그림·구인회(具仁會)

名舞韓成俊 (十四)

다락 속에서 잠이 든 것 까지는 좋았다. 그러나 어느사이에 숨어 있다는 긴장이 풀렸는지 점차로 코를 골기 시작하였다. 그도 그럴것이 韓成俊의 코고는것은 유명하였고, 옆에 있는 사람은 잠을 이루지 못할정도였었다.

金大監이 들어오기는 하였으나, 곧 되나갈것으로 짐작하고 月娘의 초조란 이루 말할수 없었다. 이날따라서 金大監은 청처짐하게 누워서 담배까지 피어물었다.

韓成俊의 코를 골기시작하는 것을 먼저 눈치챈 것은 병풍 뒤에 숨

어있는 朴某였다.

「저런, 저런…」

속이 탔으나 韓成俊에게 왜 이러느냐고 말리는 도리가 없었다. 스스로도 숨어있는터이니·다락으로 들어갈수도 없고 그렇다고 돌고만 있자니 간이 오글어드는 심사였다.

다음으로 코고는 것을 알아채린 것은 月娘이었다. 가슴이 철렁하면서 金大監을 흘끗 쳐다보았으나 아직은 눈치채지 않은듯 하였다. 그러나 코고는 것은 점차로 커질 것이고 그렇게되면 발칵 뒤집일 것이요. 그러는날에는 집안이 발칵 뒤집히는 것은 물론이어니와

月娘 자신의 신세도 아주 끝장을 보게 되는것이다.

안절부절을 못하던 月娘은

「오늘은 어쩐지 노래가 부르고 싶사오니 혀

「급히 입시하시랍니다

노릇이었다.

金大監은 부시시 자리에서 일어났다. 月娘은 워낙 잘 여서 창을 大監이 나간뒤에서야 땅이 꺼지게 한숨을 쉬었다.

韓成俊의 코도는 소리가 金大監 귀에 시시 다락 문을 열었다.

「어, 왜 그러나?」

그제서야 韓成俊은 부시시 다락에서 머리를내밀었고, 月娘은 너무나 꿀 찾었다. 月娘은 너무나 어처구니 없고 목이 가라앉아서 말도 나오지않 았다. 韓成俊은 자기가라 앉은 숨었던 박 某는 연거푸 몇번이고 창을 불렀거니와, 언제까지 가야 끝이날지 모른다.

락하여 주십시오.」

「그러지…」

역시 한숨을 몰아선 韓成俊의 코 某는 병풍 뒤에서 나와서 다락 문을 열었다.

「大監.」

「응.」

娘은 문득 한 꾀를 생각하여 내었다.

月娘은 연거푸 몇번이고 창을 불렀거니와, 언제까지 가야 끝이날지 모른다.

(그림·具仁會)

〈그림 15〉 박용구, "풍류명인야화 : 명무 한성준 14", 동아일보, 1959년 9월 2일, 4쪽.

16. 명무 한성준 15 〈박용구 작, 「풍류명인야화」79〉[19]

원각사(圓覺寺) 무대에 서는 동안에 한성준(韓成俊)의 춤은 더욱 세련되었거니와, 많은 공부도 되었다. 즉 여기에는 옛 궁기(宮妓)들이 궁중무용(宮中舞踊)을 보여주었기 때문이었다. 또한 이 무렵에 한성준에게는 든든한 파드론이 있었다. 지난날에 평양(平壤)에서 명노(名奴)로 이름을 날리던 사람이 운현 대감(雲峴大監)의 아들과 살림을 벌리고 있었다. 한성준은 무시로 여기 드나들어 많은 혜택을 받았다. 신분 문제가 있어 감히 쉬영 아버지나 쉬영 어머니라고는 부르지 못하였으나 그에 못지않은 대접과 은고를 받고 있었던 것이다.

생활면이 안정이 되고 차츰 명성도 얻게 되자 한성준은 저축에 힘을 썼다. 아직도 광대니 뭐니 해서 천대를 받는 터이어서 저축을 하여 남부럽지 않은 생활을 한다는 것만이 남겨진 일이라고 생각되었기 때문이었다. 한성준은 푼푼이 돈이 생길 때마다 아껴서 한성은행(漢城銀行)과 한일은행(韓一銀行)에 저축을 하였다. 점심은 대개 오 전(五錢)짜리 설렁탕으로써 매우고 저축을 하였다. 이것은 9년간 줄기차게 계속되었고 2,400원이란 돈이 모였다.

"허 이만하면…"

통장을 들여다보는 한성준의 얼굴에는 절로 웃음이 가득하였고 신바람이 났다. 한성준은 42세 되던 해에 이 돈으로써 고향에 얼마간에 재산을 마련하였다. 논을 여든한 마지기가 샀고, 또 60간(間)이나 되는 집을 새로 지었다. 이만한 논과 이만한 집이란 참으로 쉬운 노릇이 아니었다.

"그 사람 크게 성공하였죠…"

"아무렴, 아직 마흔 정도의 나이로서 대견하지…"

---

19) 박용구, "풍류명인야화 : 명무 한성준 15" 동아일보, 1959년 9월 3일, 4쪽.

風流名人夜話 (93)

朴容九

名舞韓成俊 (曲)

〈그림 16〉 박용구, "풍류명인야화 : 명무 한성준 15", 동아일보, 1959년 9월 3일, 4쪽.

누구나 이렇게 칭송이 자자하였으나 금의환향을 한 셈이었다. 그러나 이 논과 집에 안심하여 그대로 주주물러앉지는 않았다. 근거가 든든하여지자 한성준은 간혹 시골로 내려갈 뿐 역시 서울에서 활동을 계속하였다.

　"제까짓 것이 아무리 돈을 모았으면 뭘 해… 한낱 무당의 집 자식으로 벌 수 있나, 그저 푼돈이나 쥐면 제일인 줄 아는가…"

　이렇게 욕을 하는 사람도 있었다. 한성준의 집안이 대대로 내려오는 무당 집안이라서 천시하고 얕잡아보자는 심사에서였다. 그러나 한성준이 그러한 집안에 태어났기에 어려서부터 장단과 춤을 배울 수 있었다는 것과, 또 한성준에게는 예술가적(藝術家的) 기질(氣質)을 천성으로 타고 났다는 것을 이해하지 못하는 푸념이었다. 칭찬을 하건 욕을 하건 한성준의 재주는 날이 갈수록 더욱 그 빛을 더해가고 있었다.

－ 그림·구인회(具仁會)

17. 명무 한성준 16 〈박용구 작, 「풍류명인야화」79〉[20]

1930년에 한성준(韓成俊)은 〈조선음악무용연구회(朝鮮音樂舞踊研究會)〉를 조직하였다. 이것은 경운동(慶雲洞)에 있었던 한성준의 집에 2층을 증축하여서 장소를 마련하고 간판을 건 것이었다.

원래 이것은 음악부만을 한성준이 담당하고 무용부는 이강선(李剛仙)이 맡기로 되어있었던 것이다. 그러나 이강선이 그의 가족의 반대로 여기에 나올 수 없게 되어 한성준 자신이 이것까지 맡게 되었다. 이강선이란 당시 한성준이 동거하고 있던 여인의 쉬영딸로서 한성준의 제자 중의 한 사람이었다. 이 무렵부터 한성준의 제자양성이 본격적으로 시작된 셈이었다.

원래 새로운 무용인이라 1926년경에 일본에까지 가서 그 이름을 떨친 배구자(裴龜子)를 비롯하여 널리 선전된 최승희(崔承喜), 조택원(趙澤元) 등이 등장하였다. 최승희나 조택원이나 다 한성준의 지도교습을 거친 사람들이었다.

〈조선음악무용연구회〉는 1934년에 〈조선무용연구소(鮮舞踊研究所)〉로 간판을 갈아 붙였고, 전적으로 무용만을 가르치는 기관으로 발전되었다. 이것의 이사(理事)는 초대(初代)가 현철(玄哲)이었고, 다음이 김석구(金錫九), 다음은 심재덕(諶載德)이었다.

〈조선무용연구소〉가 되어 전적으로 제자를 가르치게 되자, 이듬해인 1935년에 부민관(府民館)에서 신작발표회(新作發表會)를 가졌다. 이때의 공개된 작품(作品)은 "승무(僧舞)", "학무(鶴舞)", "태평무(太平舞)", "신선무(神仙舞)", "살풀이춤", "한량무(閑良舞)", "검무(劍舞)", "바라무(鉢羅舞)", "사공무(沙工舞)", "농악무(農樂舞)" 등이었다. 그러나 이것은 별로

---

20) 박용구, "풍류명인야화 : 명무 한성준 16" 동아일보, 1959년 9월 4일, 4쪽.

큰 성공을 이루지 못하였다.

이 공연이 끝나자 하나의 문제가 일어났다. 즉 승려(僧侶)들이 일어나 한성준에게 항의를 하였고, 또 허가당국(許可當局)에게 진정서를 제출하는 일이 생겼다. 이것은 작품 중에서 "승무"가 문제가 된 것이었다. "승무"는 파계승(破戒僧)의 모습을 나타낸 것이었고 어느 대목은 풍기문란이라는 것이었다. 드디어 진정서를 받은 허가당국에서는 앞으로는 그대로의 형태의 "승무(僧舞)"는 허가하지 않을 것이라고 발표하는 지경에 이르렀다.

한성준 자신이 "제자들과 같이 부민관에서 공연했는데 서툴게 하여서 실패만 보고 있습니다."라고 스스로 실패를 자인하고 있었거니와, 너무나 어처구니없는 결과였다.

그러나 이 무렵부터 국내 국외적으로 우리나라의 무용이 관심사가 되어 갔고, 그 무용의 대표적 인물로서 한성준이 지목되게 되었다. 한성준은 제자들을 거느리고 일본(日本)으로 건너갔으니, 우리의 무용을 보여주기 위해서였다. 동경(東京)을 비롯한 여러 곳에서 한성준 스스로의 신작과 제자들의 무용으로써 많은 환영을 받고 순회공연을 가졌다.

– 그림·구인회(具仁會)

風流名人夜話 (94)

名舞韓成俊(卅)

朴容九

一九三〇年에 韓成俊은 이 본격적으로 시작된셈 이었다. 「朝鮮音樂舞踊研究會」를 一九二六年頃에 일본 라 이것은 慶雲洞 에 있었던 韓成俊의 집에 에까지가서 그 이름을 이층을 증축하여 장소 널리 선전된 裵龜子를 비롯하여 崔〇喜 를 마련하고 간판을 전 澤元等이 등장하였다.

원래 이것은 음악부만 崔〇喜나 趙澤元이나 나 을 담당하고무 李剛仙이 맡기로 용부는 李剛仙이 韓成俊의 지도교습을 저 되어있었던것이다. 그러나 친사람들이었다.

李剛仙이 그의 가족의반 朝鮮音樂舞踊研究會는 一 대로 여기에 나올수없게 九三四年에 朝鮮舞踊研究 되어 韓成俊 자신이 이 所로 간판을 갈아 불였 것까지 맡게되었다. 李剛 고, 전적으로 무용만을가 仙이란 당시 韓成俊이동 르치는 기관으로 발전되 지하고있던 여인의 쉬영 었다. 이것의 理事는 初代 의 한사람이었다. 이무렵 가 女哲이었고, 다음이金 의 제자중 鶴九, 다음은 沈載德이었

發表會을 가졌다. 이때의 공개된 作品은 「僧舞」「太平舞」「神仙舞」 「살푸리춤」「閑良舞」 鶴舞」 等은 풍기문란이라는 것

<그림 17> 박용구, "풍류명인야화 : 명무 한성준 16", 동아일보, 1959년 9월 4일, 4쪽.

18. 명무 한성준 17 〈박용구 작, 「풍류명인야화」79〉[21]

일본(日本) 각지를 돌아다니는 순회(巡廻) 공연이 끝나고 귀국하였으나, 한성준(韓成俊)은 쉴 사이가 없었다. 국내공연이 기다리고 있었던 것이다.

그리고 이 국내공연은 전국을 휩쓸다시피 하였다. 서선공연(西鮮公演)·북선공연(北鮮公演) 등을 비롯하여 멀리 만주(滿洲)에까지 그 발이 미쳤다. 이러한 순회공연이 끝나고 한성준은 서울로 돌아왔다. 여러 달에 걸친 공연이 성공적으로 끝났으므로 보고공연(報告公演)을 하기로 결정하였다. 〈중앙대공연(中央大公演)〉이라고 이름 붙여서 1941년 1월 23일부터 4일간 부민관(府民館)에서 가졌던 공연이 즉 그것이다. 한성준의 명성은 차츰 황금기에 이르러 멀리 국외에서까지 춤을 배우러 오는 사람들이 많았다. 이 나라의 민속무용(民俗舞踊)이라고 하면, 한성준은 떼어놓고는 생각할 수 없게끔 되었던 것이다.

이 무렵 일본 동경(東京)에서 발행되는 잡지에 〈모던일본(日本)〉이라는 것이 있었다. 이것은 비록 일본에서 일본어(日本語)로 발행되는 잡지이기는 하였으나, 사장은 우리나라 사람으로 마해송(馬海松)이었다. 그러기에 기회 있을 때마다 우리나라의 선전과 인식을 위하여 분투하였고, 우리나라에 관한 것만을 수록한 임시 증간호를 내기까지 하였다. 이 〈모던일본〉이 생각한 것이 우리나라 예술(藝術)을 진흥장려하려는 의도에서 창설한 것이 〈조선예술상(朝鮮藝術賞)〉이란 제도였다.

이것은 1940년에 창설된 것이었고, 여러 부문(部門)에 걸쳐 시상되기로 정해져 있었다. 1941년 〈조선예술상 제2회 수상자(朝鮮藝術賞 第二回 受賞者)〉 중에서 무용 부문은 한성준으로 낙착이 되었다. 이것은 너무나

---

21) 박용구, "풍류명인야화 : 명무 한성준 17" 동아일보, 1959년 9월 5일, 4쪽.

타당한 결정이었으나 한성준의 위치를 공식적으로 인정하는 결정이기도 하였다.

4월 13일에는 명월관(明月館)에서 축하연(祝賀宴)이 벌어졌다. 무용계는 물론이어니와 여러 방면의 많은 사람들이 모였다. 화기애애하게 좌석이 무르익어 갔고, 한성준의 얼굴에는 그저 웃음만이 가득하였다.

"참, 재주도 재주려니와 대대(代代)로 내려오는 것이 놀라운 것이야…"

누가 이런 말을 하였다.

"암, 자제도 꽤 북치고 춤을 춘다지만 손녀(孫女)가 또한 그 재주 놀랍거든…"

"우리의 민속무용만이 아니라 요새 신체무용도 퍽 잘한다면서…"

이렇게 시작된 이야기는 한성준의 손녀(孫女)인 한영숙(韓英淑)에게로 집중되었다. 한영숙은 한참 피어오르는 나이로 그 재주가 무척 촉망되고 있었던 것이다. 그리고 핏줄은 속일 수 없다고들 하였다.

"이분이야 벌써 세상이 다 아는 분이니까, 더 말할 것도 없지만 한영숙을 밀어주는 것이 우리들의 의리가 아닌가 말일세…"

― 그림·구인회(具仁會)

名舞韓成俊 (十)

日本 각지를 돌아다니는 巡廻公演이 끝나고 귀국하였으나、韓成俊이 실국에서까지 출을 배우러 오는 사람들이 많았다。국내공연이 기다리고 있었던 것이다。

그리고、이 국내공연은 전국을 휩쓸다시피하였다。西鮮公演・北鮮公演 등을 비롯하여 멀리 滿洲에까지 그의 발이 미쳤다。이러한 순회공연이 끝나고 韓成俊은 서울로 돌아왔다。여러달에 걸친 공연이 성공적으로 끝났으므로 報告公演을 하기로 결정하였다。「中央大公演」이라 이름붙여서 一九四一年 一月二三日부터 四日까지

間 府民舘에서 가졌던 공연이 즉 그것이다。

韓成俊의 명성은 차츰 황금기에 이르러 멀리 국외에서까지 출을 배우러 오는 사람들이 많았다。이나라의 民俗舞踊이라고 하면 韓成俊을 생각할수 없게 되어놓고는 생각할수 없게 되었던 것이다。

이무렵 日本 東京에서 발행되는 잡지에「모던日本」이라는 것이 있었다。이것은 비록 日本語로 발행되는 잡지이기는 하였으나、사장은 우리나라 사람으로 馬海松이란 우리나라 사람으로 기회있을 때마다 우리나라의 藝術을 진흥장려하려는 의도에서 창설한 것이「朝鮮藝術賞」이란 제도였다。여러방면의 많은 사람들이 모였다。화기애애하게

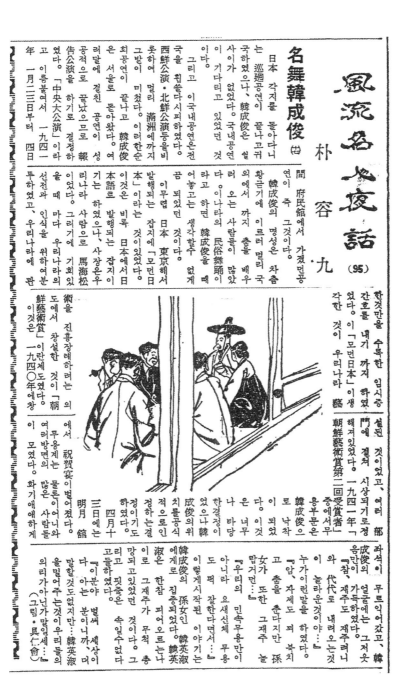

한것만을 수록한 임시중…門에 절차…시상되기로 정하였다。이「모던日本」이 생해져있었고 一九四一年에…중에서무…朝鮮藝術賞第二回受賞者」…

각한 것이 우리나라…

韓成俊으로 낙착되었다。이것이 또한 그 재주 놀랍거니…「우리의 民俗舞踊만이…우리나라 요새신체 무용 아니라…이렇게 시작된 이야기는…成俊의 위치를 공식적으로 결정하는 결정이기도 하였으나…四月十…三日에는 明月舘에서…韓成俊의 孫女인 韓英淑에게로 집중되었다。韓英淑은 한참 피어오르는 나이로 그 재주가 무척 총망되고 있었던 것이다。그리고 핏줄은 속일수 없다…

〈그림・具仁會〉

19. 명무 한성준 18 〈박용구 작, 「풍류명인야화」96〉[22)]

"그것 참 좋은 말인데…"

한영숙(韓英淑)을 밀어주자는 말에 옆에 있던 사람이 금시에 동의하였다.

"그런데 어떻게 한다?"

또 옆에서 잔을 기울이던 사람이 묻자, 몇몇의 시선이 발설한 사람에게로 모였다.

"어떻게라니 별게 있나. 한영숙이 그 할아버지를 닮아 춤의 재주가 놀라우니 한 사람 몫의 무용인이 되도록 후원하자는 것이지. 그 놀라운 재주를 세상에 보이게 하여 순조로운 출발을 하게 하는 것이 옳다고 믿네… 그런데 중이 제 머리 못 깎는다고 한영숙이 춤의 재주는 있으나, 어떻게 제힘으로야 출발할 수 있겠나. 그러니 후원회 같은 것을 만들어서…"

"옳은 말야!"

"그거 됐군!"

모두들 와자하게 찬성이었고, 이 서슬에 먼 곳에 있던 사람들의 시선까지 쏠려 왔다.

"자네가 생각한 것이니 자네가 제안을 하게…"

"어서, 모두 이쪽을 쳐다보고 있지 않은가…"

권에 못 이겨서 처음에 발설하였던 사람이 자리에서 일어나서 두어 번 헛기침을 하였다.

"애… 여러분, 제가 당돌하게 일어나서 몇 가지 말씀을 사뢰겠습니다. 오늘은 여러분이 아시는 바와 같이 한성준 옹의 예술상 수상(藝術賞受賞)

---

22) 박용구, "풍류명인야화 : 명무 한성준 17" 동아일보, 1959년 9월 5일, 4쪽.

을 축하하는 자리입니다. 한성준 옹의 그 탁월한 무용과 일생을 바쳐온 정열은 새삼 여기에서 되풀이하여 말할 필요도 없거니와 한성준 옹은 많은 제자를 양성하였을 뿐만 아니라 혈육인 손녀(孫女) 한영숙 양도 할아버지를 닮은 재주 놀라운 것을 우리가 다 아는 바입니다. 한성준 옹을 축하하는 것만이 아니라 한영숙 양으로 하여금 발표회(發表會)를 갖게 하는 것이 의의 있는 일이라고 생각하여 감히 일어선 바입니다."

이것은 금시에 만장일치의 찬성을 받았다. 박수로 환영하는 사람도 있었고, 고개를 끄덕이는 사람도 있었다. 금시에 좌석은 변하여 〈한영숙후원회(韓英淑後援會)〉를 만드는 자리가 되었다. 이것은 연예협회(演藝協會)가 중심이 되어서 만들기로 결정이 지어졌고, 급속한 시일 안에 민속무용과 서양무용을 곁들여서 발표회를 갖도록 하자고 결의가 되었다.

한성준은 그저 고맙고 대견한 마음으로 좌석을 훑어보며, 눈물어린 얼굴에 시종 웃음이 떠돌고 있었다. 이제 오늘날에 한성준의 제자들이 활약하고 있거니와, 한영숙도 조부의 길을 계승하고 있으니 아름다운 일이라 하겠다.

— 그림·구인회(具仁會)

名舞韓成俊 (八)

「그것 참 좋은 말인
데……」

韓英淑을 믿어주자는말

그런데 증이 제머리못
깎는다고 韓英淑이 춤
의 재주는 있으나, 어
떻게 제 힘으로야 출
발할수 있겠나. 그러니
후원회 같은 것을 만
들어서……」

또 몇에서 잔을 기울
이던 사람이 묻자, 몇몇
의 시선이 발설한 사람
에게로 모였다.

「어떻게라니 별게 있
나. 韓英淑이 그 할아
버지를 닮아 춤의 재
주가 놀라우니 한사람
몫의 무용인이 되도록
후원하자는 것이지. 그
런데 못이겨서 처음에
「그것, 됐군!」
모두들 왁자하게 찬성
이었고, 서술에 먼곳
까지 쓸려왔다.
「자녜가 생각한것이니
자녜가 제안을하게…」
「어서, 모두 이쪽울쳐
다보고 있지않은가…」

에 옆에있던 사람이 금
떻게 하였다.
「그런데 어떻게 한다
?」

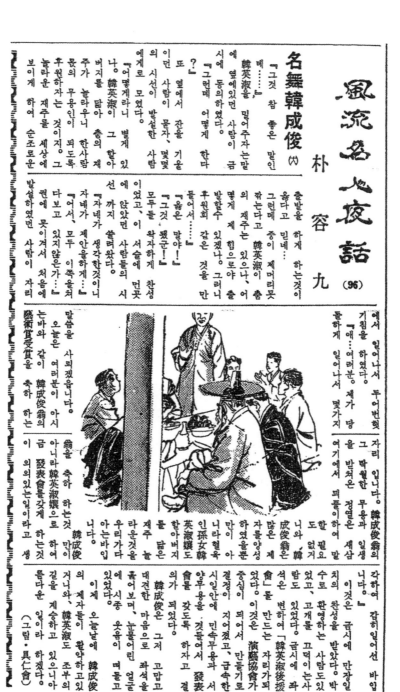

출발을 하게 하는것이
옳다고 믿네…

보이게 하여 순조로운
발설하였던 사람이 자리

에서 일어나서 두어번첫
기침을 하였다.
「애…여러분, 재가 망
돌하게 일어나서 몇가지
여기에서 피뢰하여 말

말씀을 사뢰겠읍니다.
오늘은 여러분이 아시
는바와 같이 韓成俊翁의
藝術賞受賞을 축하 하는
이 의의있는일이라고 생

각하여 갑히일어선 바입
니다.
이것은 금시에 만장일
치의 찬성을 받았다. 박
수로 환영하는 사람도 있
었고, 고개를 끄덕이는사
람도 있었다. 금시에 꽉
변하여 「韓英淑後援
會」를 만드는 「자리가되
었다. 이것은 演藝協會가
중심이 되어서 만들기로
결정이 지어졌고, 급속한
시일안에 民俗舞踊과
양무용을 겸한서 韓
英淑攘會를 갖도록 하자고 결
의가 되었다.

韓成俊翁은 그저 고맙고
대견한 마음으로 좌석을
휩어보며, 눈물어린 얼굴
에 시종 웃음이 떠돌고
있었다.

이제 오늘날에 韓成俊
의 제자들이 활약하고 있
거니와, 韓英淑도 조부의
길을 계승하고 있으니아
름다운 일이라 하겠다.

(그림·其仁會)

〈그림 19〉 박용구, "풍류명인야화 : 명무 한성준 18", 동아일보, 1959년 9월 6일, 4쪽.

20. 명무 한성준 19 〈박용구 작, 「풍류명인야화」97〉[23]

한성준(韓成俊)이 〈모던일본사(日本社)〉에서 수여하는 조선예술상(朝鮮藝術賞)을 탔고, 또 손녀 한영숙(韓英淑)의 후원회(後援會)가 결성된 것이 생애(生涯) 절정의 해였다.

한성준은 원래 무당(巫堂)의 집안에 태어났기 때문에 어렸을 때부터 장단이나 춤과 긴밀한 관계를 가지고 성장하였던 것이다. 거기에다 탁월한 재질이 있었고 또한 외조부(外祖父) 백운채(白雲採) 같은 훌륭한 스승을 가질 수 있었기에 더욱 재주가 빛났다. 서민층에 태어난 한성준으로서는 고향을 중심으로 하여 우리나라 남도(南道)의 민속무용(民俗舞踊)이 몸에 젖었던 것이다.

후에 서울에 올라와 원각사(圓覺社)에 나가게 되자, 지난날의 궁기(宮妓)들이 추는 궁중무용(宮中舞踊)을 보고 이것을 정리 연구하여 완전히 자기의 것으로 삼았던 것이다. 이 정리와 연구는 차츰 우리나라에도 들어오기 시작한 양무적(洋舞的) 기교와 방식이 많은 영향을 끼쳤을 것이다.

한성준의 신작(新作)이란 것은 대개가 민속무용(民俗舞踊)이나 궁중무용(宮中舞踊)을 자기대로의 방식으로 개작(改作)한 것이 대부분이었다. 그의 재질과 멋은 이것을 감당하기에 알맞았고, 더구나 총정리와 이의 계승은 전적으로 한성준의 공이라고 하지 않을 수 없다. 이는 실로 그의 제자들의 손을 통하여 넓게 세계적으로 우리나라 문화를 빛나게 한 것이었다.

그러나 이러한 한성준의 문화적 활동에도 일제(日帝)의 야만한 간섭은 가하여졌다. 무엇이건 이 나라 고유의 것은 말살하려는 것이 그들의 의

---

23) 박용구, "풍류명인야화 : 명무 한성준 17" 동아일보, 1959년 9월 5일, 4쪽.

風流名人夜話 (97)

名舞韓成俊 (九)

朴容九

韓成俊이 「모던日本社」에서 수여하는 朝鮮藝術賞을 탔고、 또손녀 韓英淑의 後援會가 결성된것이 生涯절정의 해였다。

韓成俊은 원래佛堂의집안에 태어났기 때문에어렸을때부터 장단이나 춤과 긴밀한관계를 가지고성장하였던 것이다。 거기에다 탁월한 재질이있었고 또한外祖父 白雲採같은훌륭한 스승을 가질수있었기에 더욱제주가빛났다。 서민층에 태어난 韓成俊으로서는 고향을 중심으로하여 우리나라南道의民俗舞踊이 몸에저젔던 것이다。

後에 서울에 올라와園覺社에 나가게되자、 지난날의 宮波들이 추는宮中舞踊을보고 이것을정리연구하여 완전히 자기의것으로 삼았으면 것이다。 이정리와 연구는 차츰우리나라에도 들어오기시작한 洋舞的기교와 방식이많은 영향을 끼쳤을 것이다。

韓成俊의 新作이란것은 대개가 民俗舞踊이나 宮中舞踊을 자기대로의방식으로 改作한것이 대부분이었다。 그의 재질과 멋은 이것을감당하기에 알맞았고、 머구나 충정리와 이의계승은 전적으로 韓成俊의 공이라고 하지않을수없다。 이는 실로그의 무엇이건 이나라 고유의

그러나 이러한韓成俊의 문화적활동은 日帝의야心을 그대로 들어나지 않만한간섭은 가하여졌었다。

『太極을 그린것은 일것은이나라 國旗에먼것이니 이는 反日的이라는 단정이었다。

제자들의 손을통하여 넓게、 세계적으로 우리나라 문화를 빛나게 한것이었다。

것은 말살하려는것이니그약기가 필요한 경우에는 日章旗를 들고서너무나 어쩌구니 없는춤을・출것이……!』한 주문이었다。

지방순연을 다 무대에 설때 舞踊服으로서는 이나라 고유의복색을 갖출수있었으니 韓成俊 자신의말과 같이 이五將舞라는 춤은 있는데 이것은 日帝의 편이기도 하였다。 日帝의小鼓에 太極이려겨있는、 이것은 보존계승하는 한나라의방유의 복장을 하고선 韓成俊이 얼마나 자랑스럽고 떳떳하였을 것이냐!

韓成俊은 一九四一年七月에 永眠하였다。 이때두 나이 六十八歲였다。 서두에번적였으니 舞踊服과같이으로써 太平舞때의옷 太平舞服을수의로 사용하였고 일식을 관속에 간직하여 갔다。 (그림・具仁會)

【此項終】

〈그림 20〉 박용구, "풍류명인야화 : 명무 한성준 19", 동아일보, 1959년 9월 8일, 4쪽.

도였으니 무리도 아니리라. 그중에서 난센스를 하나 들면 다음과 같은 일이 있었다.

지방순연을 다닐 때의 일이었다. 오장무(五將舞)라는 춤이 있었는데, 이것은 소고(小鼓)에 태극(太極)이 그려져 있었던 것이다. 일제의 눈은 여기에 번쩍였으니 태극이라는 것은 이 나라 국기(國旗)에 그려졌던 것이니 이는 반일적(反日的)이라는 단정이었다.

"태극(太極)을 그린 것은 일체 사용하지 말 것! 만약 기가 필요한 경우에는 일장기(日章旗)를 들고서 춤을 출 것…"

너무나 어처구니없는 간섭이었고 너무나 무리한 주문이었다. 무대에 설 때 무용복(舞踊服)으로서는 이 나라 고유의 복색을 갖출 수 있었으니 한성준 자신의 말과 같이 이는 이 나라 고유의 것을 보존 계승하는 하나의 방편이기도 하였다. 일제의 감시 하에서도 이 나라 고유의 복장을 하고선 한성준이 얼마나 자랑스럽고 떳떳하였을 것이냐!

한성준은 1941년 7월에 영면(永眠)하였다. 이때 그의 나이는 68세였다. 서두에서 적은 것과 같이 유언으로써 무용복(舞踊服)을 수의로 사용하였고, 태평무(太平舞) 때의 옷 일식을 관 속에 간직하여 갔다.

– 그림·구인회(具仁會)

한성준의 승무보

—

소화(昭和) 十四년 十二월

국립국악원 초대원장

이주환(李珠煥) 채보(採譜)

1. 긴염불

긴염불 원문 1장단 분석

1) 이정위박(二井爲拍) : 이정간(二井間)을 일박(一拍)으로 한다.

2) 염불타령(念拂打令) 만(慢): 반주음악은 긴염불을 느리게 연주한다. 만(慢)은 '느리게 연주한다'는 뜻이다.

3) 좌우수인상(左右手引上) 우족소거(右足小擧): 오른발을 조금 들어 종종걸음으로 가면서 양손을 끌어 들어올린다.

4) 소족(小足): 종종걸음으로 나아간다.

5) 좌우수불상(左右手拂上) 우족착상(右足着床): 좌우수(양손)를 위로 뿌려 뒤로 내려 들어올리면서 오른발을 앞에 디디며 의자에 앉는 자세를 한다.

6) 소족진(小足進) 부(俯) 좌수전(左手前) 우수후(右手後) 좌족전(左足前): 양손을 들면서 종종걸음으로 나아가 왼발을 앞에 디디며 왼손은 앞에 오른손은 뒤로 감아 내리며 몸을 앞으로 숙인다.

7) 부(俯) 우수전(右手前) 좌수후(左手後) 우족전(右足前): 오른발을 앞에 디디며 오른손은 앞에 왼손은 뒤로 감아 내리며 몸을 앞으로 숙인다.

진행도	긴염불 1장단 동작
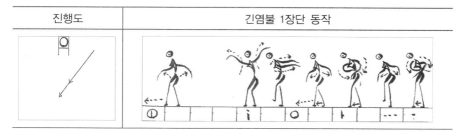	

　〈진행도〉와 같이 1박에 오른발을 들어 디디며 양손을 끌어 올리며 2박까지 종종걸음으로 나아가 3박에 양손을 위로 뿌려 내려 뒤로 뻗어들며 오른발을 앞에 디디며 의자에 앉은 자세를 하고 4, 5박에 종종걸음으로 나아가며 양손을 벌려 왼발을 앞에 디디며 오른손 앞, 왼손 뒤로 감아 내린다. 6박에 오른발을 들어 앞에 디디며 오른손 앞, 왼손 뒤에 내린다.

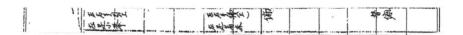

1) 좌우수인상(左右手引上) 좌족소거(左足小擧): 왼발을 들면서 양손을 끌어 올린다.

2) 좌우수불상(左右手拂上) 좌족착상(左足着床): 왼발을 앞에 딛고 의자에 앉은 자세를 하며 양손을 뒤로 뻗어든다.

3) 부(俯): 몸을 앞으로 숙인다.

4) 체부(替俯): 부(俯)를 대처한다. 즉 부(俯)동작을 그대로 한다.

진행도	긴염불 2장단 동작
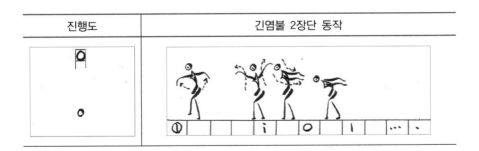	

1, 2박에 왼발을 들며 양손을 끌어 올리며 3박에 왼발 앞에 딛고 의자에 앉은 자세를 하며 양손을 뿌리고 몸을 앞으로 숙이며 뒤로 뻗어 들고 4, 5, 6박까지 어른다.

긴염불 원문 3장단 분석

1) 좌수인상(左手引上) 좌족소거(左足小擧): 왼손을 끌어 올리며 왼발을 든다.
2) 좌수궁형(左手弓形) 좌족소진(左足小進): 왼발을 앞에 내여 디디며 왼손을 앞에 둥글게 든다.
3) 족도(足蹈): 무릎을 구부렸다 폈다 한다.

진행도	긴염불 3장단 동작
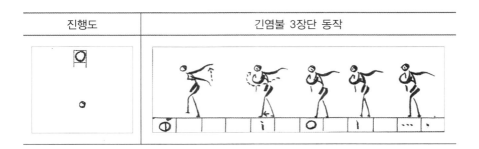	

1박에 왼발을 들며 2박까지 왼손을 끌어 올려 3박에 왼발을 앞에 디디며 왼손을 앞에 궁형(弓形: 활과 같은 형)으로 휘여 들고 4박에 무릎을 구부리고 5박에 무릎을 펴고 6박에 구부린다.

1) 우수인상(右手引上) 우족소거(右足小擧): 오른발을 들면서 오른손을 끌어 들어올린다.
2) 우수전두회이(右手前頭廻而) 우족소진(右足小進): 오른발을 앞에 내디디며 오른손을 앞에서 뒤로 돌린다.
3) 견후(肩後) 반전좌(半轉左): 오른손을 어깨 뒤쪽에 얹으며 왼쪽(左)로 180도 양손 벌려들며 돌아 왼손은 어깨 위에 메고 오른손은 앞에 궁형(弓形)으로 들며 왼발을 든다.

※ 반전(半轉(左))은 왼쪽으로 90度 내지 180度를 돌아가는 동작이다.
4) 좌족소거(左足小擧): 왼발을 든다.

진행도	긴염불 4장단 동작
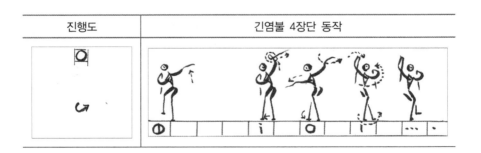	

1박에 오른발을 들며 2박까지 오른손을 끌어 올리며 3박에 오른발 앞에 디디며 오른손을 앞에서 뒤쪽으로 돌리며 4, 5, 6박에 손을 바꾸어 왼손을 어깨 위에 메고 오른손은 앞에 궁형(弓形)으로 들며 왼쪽으로 반전(半轉: 90도 180도)하며 왼발을 든다.

1) 좌수불상(左手拂上) 좌족소후진(左足小後進): 왼발을 뒤에 디디며 왼손은 뒤에 높이 든다.

2) 좌수후염(左手後斂): 왼손을 뒤로 여민다.

3) 족도(足蹈): 무릎을 굽혔다 편다.

4) 우족소거(右足小擧): 오른발을 든다.

5) 우수불상(右手拂上) 우족소후진(右足小後進): 오른발을 뒤에 디디며 오른손을 위로 뿌리며 뒤로 내리며 뻗어든다.

6) 우수후염(右手後斂) 좌수체전(左手替前) 족도(足蹈): 오른손은 뒤에 내리며 염민다. 왼손은 앞에 바꾸어 든다. 무릎을 굽혔다 편다.

진행도	긴염불 5장단 동작
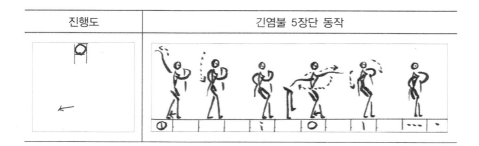	

1박에 왼발을 뒤에 디디며 왼손을 위로 뿌려 2박까지 뒤로 내려 여미고 3박에 무릎을 구부렸다 펴며 오른발을 들어 4박에 뒤에 디디며 오른손은 앞, 왼손은 뒤로 뿌리며 들어 5, 6박에 손을 바꾸어 오른손은 앞에 궁형(弓形)으로 휘어들고 왼손은 뒤로 내려 여민다.

긴염불 원문 6, 7 장단 분석

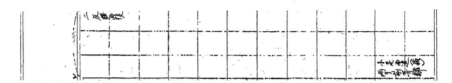

1) 이반복(二反覆): 두 번 반복한다. 여기서 2번 반복은 4, 5장단을 반복하는 것이다.

2) 소족이진(부) 양수전롱비(小足而進(俯)兩手前弄驫)
   : 종종걸음으로 나아가서 양손을 앞에 말 달릴 때 말고삐 잡는 모습을 하고 어른다.

진행도	긴염불 6장단 동작(4장단 반복)
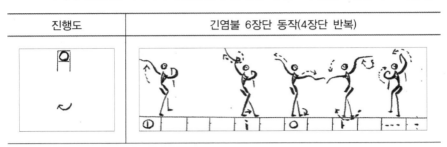	

1박에 왼발을 들며 2박까지 왼손들 끌어 올리며 3박에 왼발을 앞에 디디며 왼손을 앞에서 뒤쪽으로 돌려 4, 5, 6박까지 손을 바꾸어 오른손은 어깨 위에 메고 왼손은 앞에 궁형(弓形)으로 들며 오른쪽으로 반전(半轉)하여 오른발을 든다.

진행도	긴염불 7장단 동작(5장단 반복)
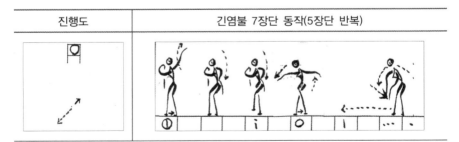	

1박에 오른발을 뒤에 디디며 오른손을 위로 뿌리며 2박까지 뒤에 내리려 여미고 3박에 무릎을 구부렸다 펴며 왼발을 들어 4박에 뒤에 디디며 5박에 오른손을 뒤로 왼손을 앞으로 뿌리며 종종걸음으로 나아가 6박에 몸을 앞으로 숙이며 양손을 앞에서 양손으로 달리는 말고삐 잡은 자세로 하여 어른다.

1) 부복(俯伏) 양수전수(兩手前垂): 엎드리면서 양손을 앞으로 뿌려 늘어뜨린다.
2) 부퇴(소족)(俯退(小足)) 양수전평거(兩手前平擧)
    : 몸을 앞으로 숙이고 종종걸음으로 뒤로 물러가며 양손을 앞에서 어깨와 평형(平形)
    으로 든다.
3) 평신(平身) 좌족전(左足前): 몸을 바로 펴며 왼발을 앞에 놓는다.

진행도	긴염불 8장단 동작
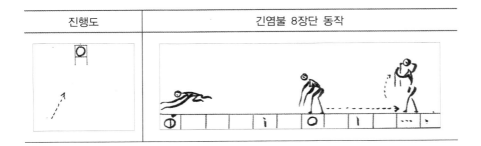	

　1박에 양손을 앞으로 뿌리며 엎드렸다가 2, 3박까지 어르다가 4박에 일어나며 5박까지 뒤로 종종걸음으로 가서 6박에 왼발을 앞으로 하고 양손을 가슴 앞에 모아들며 몸을 바르게 한다.

1) 개수도진(開手跳進) 앙신(우족전)(仰身(右足前)): 오른발을 앞에 딛고 몸을 뒤로 제며 머리는 하늘을 보며 양손을 위로 뿌리며 어깨선에 펴들며 뛰어 나간다.

　개수(開手): 양손을 어깨선에 펴든다.

　앙신(仰身): 몸을 뒤로 제치며 하늘을 본다.

2) 좌우수원형이우족진(左右手圓形而右足進): 양손을 둥글게 들고 오른발을 앞에 딛는다.

3) 좌우수원형이부(左右手圓形而俯): 양손을 둥글게 들고 몸을 앞으로 구부린다.

　족도(足蹈): 무릎을 구부렸다가 폈다 한다.

진행도	긴염불 9장단 동작
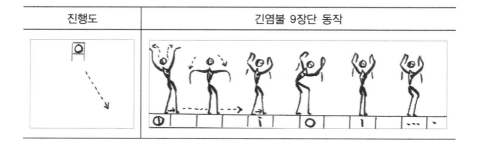	

1박에 오른발을 앞에 딛고 몸을 뒤로 젖히며 머리는 하늘을 향하고 양손을 위로 뿌리며 2박까지 뛰어나오며 어깨선에 펴들었다가 3박에 양어깨 위에 원형으로 들고 4박에 무릎을 구부리며 몸을 앞으로 숙이고 5박에 무릎을 펴고 6박에 구부린다.

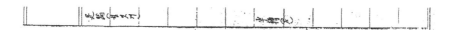

1) 족도(足蹈)(힘잇게): 힘있게 무릎을 구부렸다 폈다 한다.
2) 반전(半轉) (좌(左)): 왼쪽으로 180도 돈다.

진행도	긴염불 10장단 동작
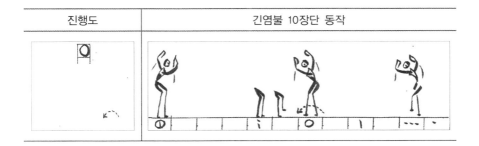	

1박에 힘 있게 무릎을 구부리고 2박에 펴고 3박에 무릎을 구부리며 오른발을 들어 4박에 디디며 좌(左)로 5, 6박까지 180도 돌아 반전(半轉)한다.

1) 족도(足蹈) 좌족소진(左足小進): 무릎을 구부렸다가 펴며 왼발을 앞에 딛는다.

2) 우족소진(右足小進) 반전(좌)(半轉(左)): 오른발을 앞에 디디며 좌(左)로 반전(半轉)한다.

진행도	긴염불 11장단 동작
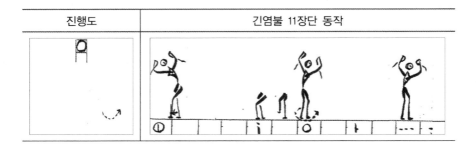	

1박에 왼발을 앞에 딛고 2박에 구부리고 3박에 펴며 오른발을 앞에 디디며 좌(左)로 5, 6박까지 180도 반전(半轉)한다.

1) 양수불(兩手拂)(상(上)): 양손을 위로 뿌려 내리며 뒤로 뻗어든다.
2) 족도(足蹈): 무릎을 굽혔다 폈다 한다.

진행도	긴염불 12장단 동작
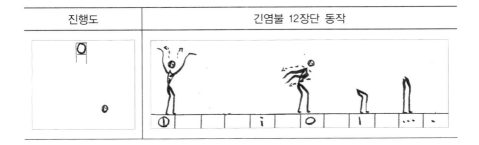	

1박에 양손을 위로 뿌리며 2, 3, 4박까지 뒤로 뻗어들고 5박에 무릎을 구부리고 6박에 편다.

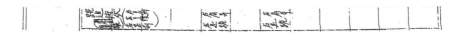

1) 도진부복(跳進俯伏)(우수전(右手前) 좌수후(左手後) 우족전(右足前))
   : 양손을 펴들면서 뛰어 나아가서 오른발을 앞에 디디며 오른손 앞, 왼손 뒤로 내린다.
2) 우견롱(右肩弄) 좌족궤(左足跪): 왼발을 무릎을 꿇고 앉아서 오른쪽 어깨를 놀린다.
3) 좌견롱(左肩弄) 우족궤(右足跪): 오른발을 무릎을 꿇고 앉아서 왼쪽 어깨를 놀린다.

진행도	긴염불 13장단 동작
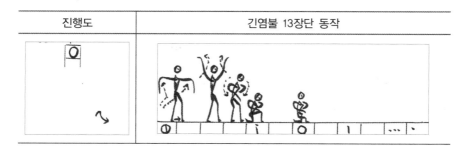	

1, 2박에 양손을 펴들면서 뛰어 나아가 오른발을 앞에 디디며 오른손 앞, 왼손 뒤에 감아 내리고 3박에 왼발을 꿇고 오른발을 세우며 오른쪽 어깨를 놀리고 4박에 오른발을 꿇고 왼발을 세우며 왼쪽 어깨를 놀린다. 5박에는 오른쪽 어깨를 놀리고 6박에는 왼쪽 어깨를 놀린다.
※ 어깨를 놀린다는 뜻은 즉 어깨춤이다.

1) 우견롱(右肩弄): 오른쪽 어깨는 올리며 왼쪽 어깨를 내린다.

2) 좌견롱(左肩弄): 왼쪽 어깨는 올리며 오른쪽 어깨를 내린다.

3) 우족립(右足立): 오른발을 세우고 왼발 무릎을 꿇는다.

4) 부복기립(俯伏起立) 좌반전(左半轉): 몸을 약간 숙이며 일어나서 좌(左)로 반전(半轉)한다.

5) 좌수전(左手前) 우족전(右足前): 오른발을 앞에 디디며 왼손을 앞에 가져온다.

진행도	긴염불 14장단 동작
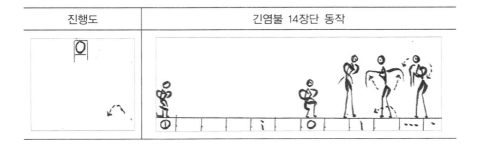	

1, 2박에 오른쪽 어깨를 올리고 왼쪽 어깨를 내리고 3박에 왼쪽 어깨를 올리고 오른쪽 어깨를 내리며 앉은 그대로 어깨춤을 춘다. 4박에 오른발 무릎을 세우며 일어나 5박에 오른발을 앞에 딛고 양손을 펴들며 6박까지 좌(左)로 180도 돌아 반전(半轉)하여 양손을 앞에 모아든다.

1) 도진부복(跳進俯伏)(좌수전(左手前) 우수후(右手後) 좌족전(左足前))
  : 뛰어 주르르 앞으로 나아가 왼손 앞, 오른손 뒤에 내리며 왼발을 앞에 딛는다.

2) 우견롱(右肩弄): 오른쪽 어깨를 올리고 왼쪽 어깨를 내린다.

3) 우족립(右足立): 오른발을 앞에 세워 딛는다.

4) 부복기립(俯伏起立): 몸을 앞으로 숙이며 일어난다.

진행도	긴염불 15장단 동작

　1박에 양손을 위로 뿌리며 뛰어 2박까지 앞으로 나아가며 오른손 뒤, 왼손 앞에 감아 내리며 몸을 앞으로 숙이고 3박에 무릎을 꿇고 앉아 오른쪽 어깨를 올리고 왼쪽 어깨를 내리고 4박에 오른발을 앞에 세우며 왼쪽 어깨를 올리고 오른쪽 어깨를 내리며 어깨춤을 추고 5, 6박에 일어난다.

1) 좌수궁형(左手弓形): 왼손을 앞에 궁형(弓形)으로 든다.

2) 우수인상(右手引上): 오른손을 들어 올린다.

3) 우족거(右足擧): 오른발을 든다.

4) 우족진(右足進): 오른발을 앞에 딛는다.

5) 우수견후(右手肩後): 오른손을 들어 어깨 뒤쪽에 얹는다.

6) 반전(좌)(半轉(左)); 왼쪽으로 90~180도 돈다.

진행도	긴염불 16장단 동작
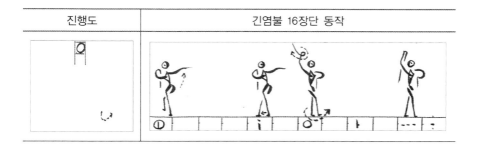	

1, 2, 3박에 오른발을 들며 왼손을 앞에 궁형(弓形)으로 들고 오른손을 뒤쪽으로 들어 올리며 오른발을 앞에 디디며 4, 5, 6박까지 좌측으로 180도 돌면서 오른손을 머리 위로 돌리며 어깨 위에서 뒤로 제쳐 얹는다.

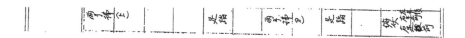

1) 양수불상(兩手拂上): 양손을 위로 뿌려 내리며 뒤로 뻗어든다.

2) 족도(足蹈): 무릎을 굽혔다 폈다 한다.

3) 양수불상(兩手拂上): 양손을 뒤로 뻗어든다.

4) 족도(足蹈): 무릎을 굽혔다 폈다 한다.

5) 부복(俯伏)(좌수후(左手後) 우수전(右手前) 우족전(右足前))

　　: 오른발을 앞에 디디며 양손을 펴들어 왼손은 뒤, 오른손은 앞에 감아 내리며 몸을
앞으로 숙인다.

진행도	긴염불 17장단 동작
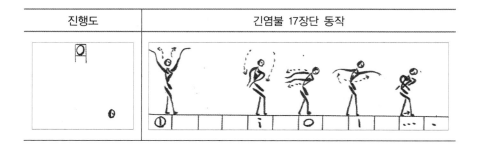	

1박 양손을 위로 뿌리며 2박에 내리고 3박에 무릎을 구부렸다 펴고 4박에 뒤로 뻗어들어
5박에 양손을 펴서 왼손 뒤, 오른손 앞에 감아 내린다.

1) 우수인상(右手引上): 오른손을 끌어 들어올린다.

2) 우수궁형(右手弓形) 우족소진(右足小進)
    : 오른손을 앞에 둥글게 들며 오른발을 앞에 딛는다.

3) 족도(足蹈): 무릎을 굽혔다 폈다 한다.

진행도	긴염불 18장단 동작
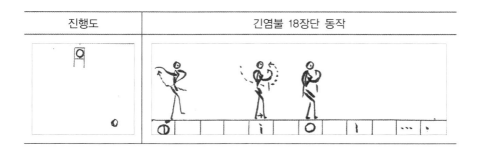	

1, 2박에 오른손을 앞에서 뒤쪽으로 들어 올리며 3박에 오른발을 앞에 디디며 오른손을 앞을 뿌리며 둥글게 궁형(弓形)을 들고 4박에 무릎을 구부리고 5박에 펴고 6박에 구부린다.

1) 좌수인상(左手引上) 좌족거(左足擧): 왼손을 끌어 올리며 왼발을 든다.

2) 좌수두회(左手頭廻): 왼손을 머리 위에서 돌린다.

3) 좌수평거(左手平擧) 좌족진(左足進): 왼손을 어깨선에 들며 왼발은 앞에 딛는다.

4) 족도(足蹈): 무릎을 굽혔다 폈다 한다.

진행도	긴염불 19장단 동작
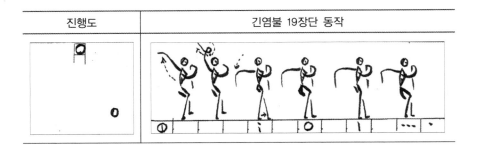	

1박에 왼발을 들며 왼손을 끌어 올리며 2박에 왼손을 머리 위에서 돌려 3박에 왼발을 앞에 디디며 왼손을 어깨선에 내려 들고 4박에 무릎을 구부리고 5박에 펴고 6박에 구부린다.

1) 우수궁형(전)(右手弓形(前)) 좌수평거(左手平擧): 오른손은 앞에 둥글게 궁형(弓形)으로 들고 왼손은 어깨선에 나란히 펴든다.

2) 이진(而進): 앞으로 나아간다.

3) 일각이보(一刻二步): 일각(一刻)은 한 장단을 일각이라 한다.

   이보(二步)는 두 발 나아간다.

   즉, 한 장단에 두 발 앞으로 나아간다는 뜻이다.

4) 고전(鼓前): 북 앞으로 간다.

5) 추진(追進): 쫓아 앞으로 나아간다. 즉, 북을 쫓아 나아간다는 뜻이다.

6) 무정각(無定刻): 장단수(數)는 정해지지 않아 장단을 더하기도 하고 덜하기도 한다.

7) 고(鼓)／향(向) : 북의 오른쪽을 향한다.

진행도	긴염불 20장단 동작
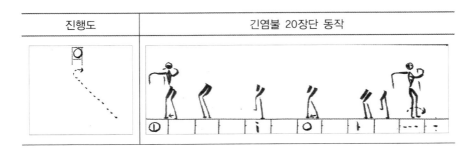	

오른손은 앞에 둥글게 들고 왼손은 어깨에 평형(平形)으로 들고 1박에 오른발을 앞에 딛고 2박에 무릎을 구부렸다가 펴며 3박에 왼발을 들고 4박에 왼발을 앞에 디디며 북 앞까지 가서(2박1보) 5박에 오른발을 들어 6박에 왼발 옆에 디디며 돌아 〈진행도〉와 같이 오른쪽을 향한다.

※ 북 앞까지 가지 못 할 경우 무정각(無定刻)으로 자유로운 보법으로 북 앞까지 간다.

1) 좌소전(左小轉) 향고(向鼓): 왼쪽으로 조금 돌아 북을 향한다.

2) 족도(足蹈): 무릎을 구부렸다 폈다 한다.

3) 우전(右轉): 오른쪽으로 돈다.

4) 고(鼓) 향(向) : 고(鼓)는 북이 놓인 곳이고, 고(鼓)는 북의 위치이고 향(向)은 춤추는 사람의 방향이다.

진행도	긴염불 21장단 동작
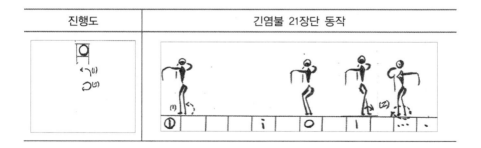	

　오른손은 앞에 둥글게 들고 왼손은 어깨에 평형(平形)으로 든 대로 1, 2, 3박까지 오른쪽으로 돌아 북을 향하여 4박에 무릎을 구부리고 5, 6박까지 오른쪽으로 돌아 왼쪽을 향한다.

1) 우수궁형(右手弓形) 좌수인두회(左手引頭廻): 오른손은 앞에 궁형으로 둥글게 들고 왼손은 끌어 올리며 머리 위에서 돌린다.

2) 좌수평거(左手平擧): 왼손은 어깨선에 나란히 펴든다.

3) 족도(足蹈) 좌수인흉전(左手引胸前): 무릎을 굽혔다 펴며 왼손을 끌어 가슴에 든다.

　주(註) 1)번에 우수후염궁형(右手後斂弓形)에서 후염(後斂)은 삭제된 것으로 우수궁형(右手弓形)이다.

진행도	긴염불 22장단 동작
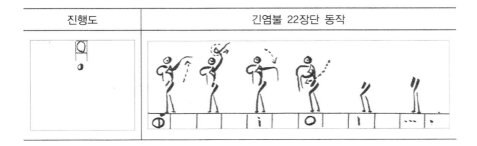	

1박에 왼손을 끌어 올리며 2박에 머리 위에서 돌려 3박에 어깨선에 펴들고 4박에 가슴 앞에 모아들고 5박에 무릎을 구부리고 6박에 편다.

긴염불 원문 23장단 분석

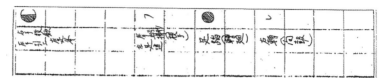

1) 우수후염(右手後斂) 좌수인상(左手引上) 좌족거(左足擧)
   : 왼발을 들며 오른손은 뒤에 여미고 왼손은 끌어 올린다.
2) 좌수궁현(左手弓形) 좌족진(左足進)
   : 왼발을 앞에 디디며 왼손을 앞에 둥글게 궁형(弓形)으로 든다.
3) 견수(棍手): 관(棺)을 포목(布木)으로 덮어 싸는 모양으로 왼손을 궁형(弓形)으로 든다.
4) 족도(足蹈) 전회(轉廻): 무릎을 구부리며 돌아서 편다.
5) 우전(右轉) (향고(向鼓)): 오른쪽으로 돌아 북을 향한다.
6) 원문에 빈정간은 23장단 동작을 반대로 한다.

진행도	긴염불 23장단 동작

1박에 왼발을 들며 왼손은 앞, 오른손은 뒤로 뿌려 2, 3박에 왼손은 앞에서 궁형(弓形)으로 둥글게 들며 한삼을 팔위에 얹고 오른손은 뒤에 내려 여미고 4, 5, 6박까지 오른쪽으로 돌아 북을 향한다.

진행도	긴염불 24장단 동작

1박에 오른발을 들며 1, 2박까지 오른손 앞, 왼손 뒤에 손을 바꾸어 뿌려 3박에 오른손은 앞에서 궁형(弓形)으로 둥글게 들며 한삼을 팔위에 얹고 왼손은 뒤에 내려 염이고 4, 5, 6박까지 좌(左)로 돌아 북을 향한다.(원문 빈정간의 동작)

1) 우수인궁형(右手引弓形) 좌수타고(左手打鼓)
고(鼓)
향(向)
   : 1박에 왼손으로 북을 치고 양손을 위로 뿌려 오른손은 앞에 궁형(弓形)으로 둥글게 들며 2박까지 오른쪽으로 90도 돌아 선다.

2) 롱견좌(弄肩坐): 어깨춤을 추며 앉는다.

3) 기상(起上): 일어난다. 기립(起立)과 같다.

4) 좌전(左轉) 향고(向鼓): 좌(左)로 돌아 북을 향한다.

진행도	긴염불 25장단 동작
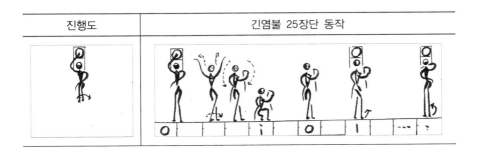	

1박에 왼손으로 북을 치고 오른쪽으로 향하여 양손을 위로 뿌려 2박까지 오른손 앞에 궁형(弓形)으로 둥글게 들고 왼손은 뒤에 내리고 3박에 어깨춤을 추며 앉고 4박에 일어나고 5, 6박에 북을 향하여 돌아선다.

1) 우수타고이후염(右手打鼓而後斂) 좌수궁형(左手弓形) 고(鼓) 향(向)

   : 1박에 오른손으로 북을 치고 양손을 위로 뿌려 2박까지 좌(左)로 90도 돌며 오른손은 뒤에 내려 염이고 왼손은 앞에 궁형(弓形)으로 든다.

2) 롱견이좌(弄肩而坐): 어깨춤을 추며 앉는다.

3) 기립(起立): 일어난다.

진행도	긴염불 26장단 동작
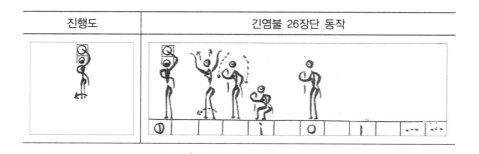	

1박에 오른손으로 북을 치고 왼쪽을 향하여 양손을 뒤로 뿌려 2박까지 왼손은 앞에 궁형(弓形)으로 둥글게 들고 오른손을 뒤로 내리고 3박에 어깨춤을 추며 앉고 4박에 일어난다.

1) 우수인상(右手引上) 우족거(右足擧): 오른발을 들며 오른손을 끌어 올린다.

2) 우수거(右手擧) 우족진(右足進): 오른손을 들고 오른발을 앞에 딛는다.

3) 족도이우수견후(足蹈而右手肩後) 좌전(左轉) (배고(背鼓))
 : 무릎을 구부리며 왼쪽으로 돌아 북을 등 뒤로 하여 오른손을 어깨 뒤로 뿌려 넘긴다.

진행도	긴염불 27장단 동작
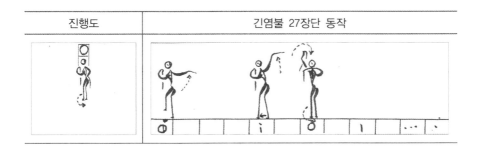	

 1박에 오른발을 들며 오른손을 뒤에서 2박까지 끌어 올려 3박에 오른발을 앞에 딛고 4, 5, 6박까지 좌(左)로 돌아 북을 등지며 오른손을 어깨 뒤쪽으로 뿌려 얹는다.

1) 양수불상(兩手拂上): 양손을 뒤쪽으로 들어 뿌려 뒤쪽으로 들어올린다.

2) 족도(足蹈): 무릎을 굽혔다 폈다 한다.

진행도	긴염불 28장단 동작
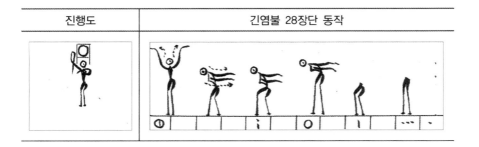	

북을 등지고 1박에 양손을 위로 뿌려 내려 2박까지 뒤에 뻗어들고 3박에 무릎을 구부리고 4박에 펴고 5박에 구부리고 6박에 편다.

2. 자진염불

1) 염불타령삭(念拂打슈數): 자진염불 즉 도드리로 변한다.

2) 우수타고(右手打鼓) 좌족거(左足擧): 북을 등지고 왼발을 들며 오른손으로 북을 친다.

3) 좌수타고(左手打鼓): 북을 등지고 왼발을 디디며 왼손으로 북을 친다.

4) 고(鼓) 향(向) 양수불(상)(兩手拂(上)): 북 앞에서 왼쪽으로 90도 돌아 양손을 뒤로 뻗어든다.

진행도	자진염불 1장단 동작
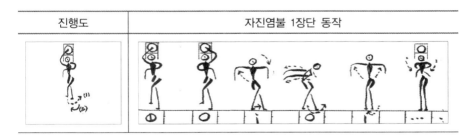	

1박에 왼발을 들며 오른손으로 북을 치고 2박 오른손을 가슴 앞에 들며 왼손으로 북을 치고 3박에 왼발 앞에 딛고 양손을 펴들며 4박까지 좌(左)로 90도 돌며 양손을 뒤로 내리며 양손을 뒤로 뻗어들어 5박에 양손을 펴들며 우(右)로 90도 돌아서며 6박에 왼손 앞, 오른손 뒤로 내린다.

1) 좌수타고(左手打鼓) 우족거(右足擧): 오른발을 들며 왼손으로 북을 친다.

2) 우수타고(右手打鼓): 오른손으로 북을 친다.

3) 고(鼓)
   향(向) 양수불(상)(兩手拂(上)): 북 앞에서 오른쪽으로 90도 돌아 양손을 뒤로 뻗어 든다.

진행도	자진염불 2장단 동작
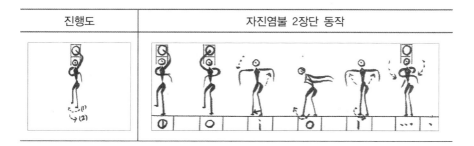	

1박에 오른발을 들며 왼손으로 북을 치고 오른손은 앞에 들고 2박에 오른손으로 북을 치며 왼손은 가슴 앞에 들며 오른손으로 북을 치고 3박에 오른발 앞에 디디며 4박까지 우(右)로 90도 돌며 양손을 뒤로 내려 양손을 뒤로 뻗어들어 5박에 양손을 펴들며 좌(左)로 90도 돌아 북을 등지며 6박에 오른손 앞, 왼손 뒤로 내린다.

1) 우수타고(右手打鼓): 북을 등지고 오른손으로 북을 친다.

2) 좌수타고(左手打鼓): 북을 등지고 왼손으로 북을 친다.

3) 좌대전(左大轉): 양손을 위로 뿌려 좌(左)로 360도 돈다.

4) 좌수궁형(左手弓形) 우수견후(右手肩後): 왼손은 앞에 궁형(弓形)으로 둥글게 들고 오른손은 어깨 위에서 뒤로 제쳐든다.

진행도	자진염불 3장단 동작
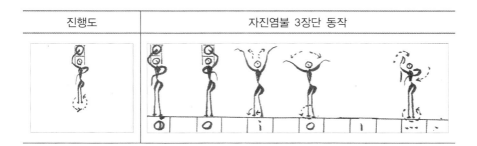	

1박에 북을 등지고 오른손으로 북을 치고 왼손은 앞에 들고 2박에 왼손으로 북을 치고 오른손은 가슴 앞에 들고 3박에 오른발을 왼발 옆에 디디며 양손을 위로 뿌려 4박까지 내리며 좌(左)로 360도 돌아 5, 6박까지 오른손은 어깨 위에서 뒤쪽으로 뿌려 얹고 왼손은 가슴 앞에 궁형(弓形)으로 든다.

1) 좌수타고(左手打鼓): 왼손으로 북을 친다.

2) 우수타고(右手打鼓): 오른손으로 북을 친다.

3) 우대전(右大轉): 오른쪽으로 360도 돈다.

4) 우수궁형(右手弓形) 좌수견후(左手肩後)
   : 오른손을 앞에 궁형(弓形)으로 들고 왼손은 어깨 위에서 한삼을 뒤로 뿌려 넘긴다.

진행도	자진염불 4장단 동작
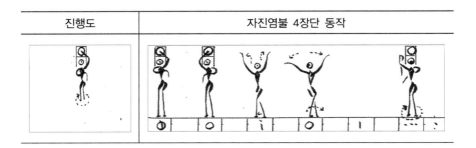	

　　1박에 북을 등지고 왼손으로 북을 치고 오른손은 가슴 앞에 들고 2박에 오른손으로 북을 치고 왼손은 가슴 앞에 들고 3박에 왼발을 오른발 옆에 디디며 양손을 위로 뿌려 4박까지 내리며 우(右)로 360도 돌아 5, 6박에 왼손은 어깨 위에서 뒤쪽으로 뿌려 얹고 오른손은 가슴 앞에 궁형(弓形)으로 든다.

자진염불 원문 5장단 분석

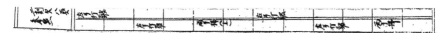

1) 이각차팔공참조(二刻次八貢參照): 원문에 정간(井間) 두 줄로 되어있다. 처음에는 정간(井間)한 줄씩 2장단으로 하고 다음에는 이정간(二井間)을 합하여 1장단으로 묶어서 하라는 뜻이다.

2) 팔공참조(八貢參照): 공(貢)은 공(共)과 통하여 받친다는 뜻이고 패(貝)는 공물을 바친다는 뜻으로 각 지방의 제후들이 공물을 국가에 바치는 것이다. 위의 원문(原文)에서 차팔공(次八貢)은 다음에는 이정간(二井間)의 춤동작을 한 장에 몰아서 한다는 뜻이니 이를 참조하라는 뜻이다.

3) 좌수타고(左手打鼓): 왼손으로 북을 친다.

4) 우수타고(右手打鼓): 오른손으로 북을 친다.

5) 양수불상(兩手拂上): 양손을 뒤로 뻗어든다.

6) 양수불(兩手拂): 양손을 뒤로 내린다.

자진염불 원문 5장단 제1정간(井間) 분석 5장단

1) 좌수타고(左手打鼓): 왼손으로 북을 친다.

2) 우수타고(右手打鼓): 오른손으로 북을 친다.

진행도	자진염불 5장단 동작 제1정간 5장단 동작

1박에 왼손으로 북을 치고 2, 3박에 왼손은 가슴 앞에 내려 궁형(弓形)으로 들고 오른손은 머리 위에서 한삼을 뒤쪽으로 뿌려 얹고 4박에 오른손으로 북을 치고 5, 6박에 오른손은 가슴 앞에 내리며 궁형(弓形)으로 들고 왼손은 머리 위에서 한삼을 뒤쪽으로 뿌려 얹는다.

1) 우수타고(右手打鼓): 오른손으로 북을 친다.

2) 양수불상(兩手拂上): 양손을 위로 뻗어든다.

3) 좌수타고(左手打鼓): 왼손으로 북을 친다.

4) 양수불(兩手拂): 양손을 뒤로 내린다.

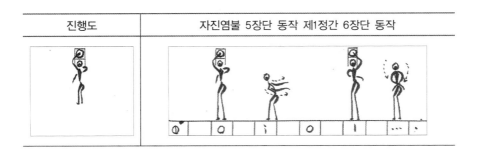

진행도	자진염불 5장단 동작 제1정간 6장단 동작

1박은 쉬고 2박에 오른손으로 북을 치고 3, 4박에 양손을 뒤로 뻗어 들고 5박에 왼손으로 북을 치고 6박에 양손을 뒤로 내린다.

자진염불 원문 1, 2정간(一, 二 井間) 분석 7장단

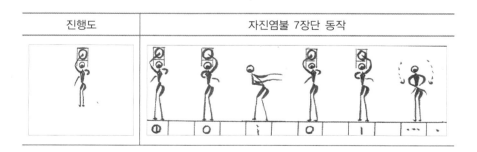

1) 좌수타고(左手打鼓): 왼손으로 북을 친다.

2) 우수타고(右手打鼓): 오른손으로 북을 친다.

3) 양수불상(兩手拂上): 양손을 뒤로 뻗어든다.

4) 우수타고(右手打鼓): 오른손으로 북을 친다.

5) 좌수타고(左手打鼓): 왼손으로 북을 친다.

6) 양수불(兩手拂): 양손을 뒤로 내린다.

진행도	자진염불 7장단 동작
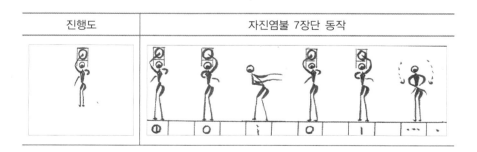	

　1박에 오른손으로 북을 치고 2박에 왼손으로 북을 치고 3박에 양손을 뒤로 내려 뻗어 들고 4박에 오른손으로 북을 치고 5박에 왼손으로 북을 치고 6박에 양손을 뒤로 내린다.

1) 양수타고(兩手打鼓) : 고(鼓)／향(向) 북을 향하고 양손으로 북을 친다.

2) 롱수(弄手): 손을 놀린다.

3) 양수타고(兩手打鼓): 양손으로 북을 친다.

4) 양수타편(兩手打鞭): 양손으로 북 변죽을 친다.

진행도	자진염불 8장단 동작
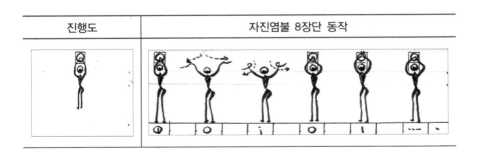	

1박에 양손으로 북 중앙을 치고 2, 3박에 양손을 벌려 감이 뿌리고 4박에 양손으로 북 중앙을 치고 5박에 북 위쪽 변죽을 치고 6박에 북 중앙을 친다.

3. 느린타령

느린타령 원문 1장단 분석

느린타령 원문 1장단 분석

1) 타령만(打令慢)
    : 만(慢)은 '느리다, 더디다'의 뜻으로 타령(打令)을 연주할 때 느리게 연주하라는 뜻이다.

2) 삼정위박(三井爲拍)
    : 정간보(井間譜)에서 삼정간(三井間)을 일박(一拍)으로 연주하라는 뜻이다. 타령(打令)은 1장단에 12박(十二拍)을 인데 삼정간(三井間)을 1박으로 하여 1장단을 4박으로 연주한다.

3) 양수타고이개수좌롱수향(兩手打鼓而開袖坐弄手向)
    : 북을 향하고 양손으로 북을 치고 양손을 벌려 뿌려 앉아 손을 놀린다. 여기서 놀린다는 어른다는 뜻이다.

진행도	느린타령 1장단 동작
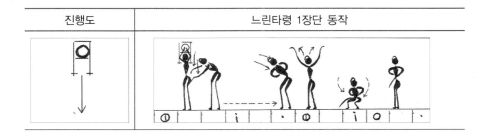	

1박에 양손으로 북을 치고 양손을 앞으로 내려 끌면서 뒷걸음으로 주르르 2박까지 물러나서 3박에 양손을 위로 뿌려 왼손 앞, 오른손 뒤로 내리며 앉았다가 4박에 일어난다.

1) 개수이좌롱수(開袖而坐弄手): 양손을 위로 뿌려 벌려 내리며 앉아 롱수(弄手)한다. 롱수(弄手)는 '손을 놀린다'는 뜻으로 어르는 동작이다.

2) 향(向): 향(向)은 향자 방향으로 돌아앉는 다는 뜻이다.

3) 기립(起立): 일어난다.

진행도	느린타령 2장단 동작

1박에 양손을 위로 뿌려 2박에 오른쪽으로 90도 돌아앉으며 왼손 앞, 오른손 뒤에로 감아 내리고 3박까지 어르고 4박에 일어난다.

1) 양수이좌롱수(兩手而坐弄手): 양손을 위로 뿌려 벌려 내리며 앉아 롱수(弄手)한다.
2) 향(向): 향(向)자 방향으로 돌아앉는다.

진행도	느린타령 3장단 동작
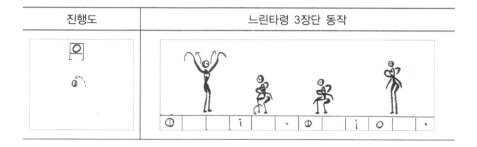	

1박에 좌향(左向)한 상태에서 양손을 위로 뿌려 2박에 왼쪽으로 180도 돌아앉으며 오른손 앞, 왼손 뒤에 감아 내리고 3박에 어르고 4박에 일어난다.

1) 좌수전(左手前) 우수후(右手後) 롱수(弄手)
   : 왼손 앞, 오른손 뒤에 뻗어들고 어른다.
2) 우수전(右手前) 좌수후(左手後) 롱수(弄手)
   : 오른손 앞, 왼손 뒤에 교체하여 뻗어들고 어른다.

진행도	느린타령 4장단 동작
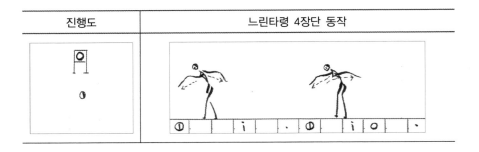	

1박에 왼발을 앞에 딛고 왼손 앞, 오른손 위로 뻗어 들고 2박까지 어르고 3박에 오른발을 앞에 딛으려 오른손 앞, 왼손 뒤에 교체하여 뻗어 들고 4박까지 어른다.

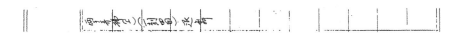

1) 양수롱불(상)(兩手弄拂(上)) (일각사회(一刻四回)) 퇴무(退舞)
 : 양손을 뒤에서 위로 뻗어 들고 어르면서 1장단에 4보 뒷걸음으로 무퇴(舞退)한다.

진행도	느린타령 5장단 동작
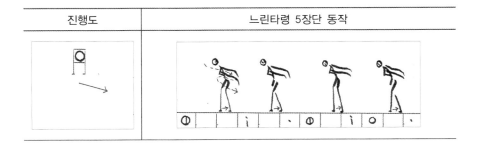	

1박에 양손을 앞에 모아서 뒤로 뻗어들고 1박 1보로 4보 무퇴(舞退)한다.

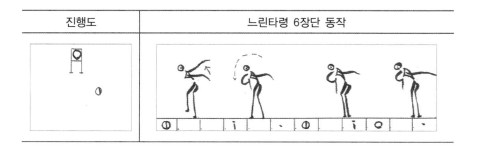

1) 우수인상(右手引上) 좌수후동(左手後動)
   : 오른손을 위로 끌어 올리며 왼손은 뒤에 든 그대로 움직인다.

   우거(족)(右擧(足)): 오른발을 든다.

2) 우수궁형(右手弓形) 우족진(右足進)
   : 오른손을 앞에 궁형(弓形)으로 들면서 오른발을 앞에 내딛는다.

3) 족도(足蹈): 무릎을 구부렸다 폈다 한다.

진행도	느린타령 6장단 동작

1박에 오른발을 들면서 오른손은 끌어 들어올리며 2박에 오른발을 앞에 디디며 오른손을 궁형(弓形)으로 들고 왼손은 뒤쪽에 뻗어 든 대로 한다. 3박에 무릎을 구부리고 4박에 무릎을 편다.

1) 우수궁형이족도(롱견)(右手弓形而足蹈(弄肩))(먹는다)(없어도조다)
　　 : 오른손을 앞에 궁형(弓形)으로 들고 무릎을 구부렸다 폈다하면서 어른다.

　※‘없어도조다’는 ‘7장단 동작을 하지 않아도 된다’라는 뜻이다.

2) 롱견(弄肩): 어깨를 놀린다는 뜻으로 어깨춤을 추는 동작이다.

진행도	느린타령 7장단 동작
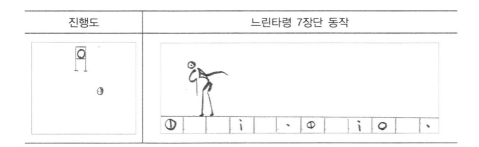	

　1박에서 4박까지 박에 오른손을 앞에 궁형(弓形)으로 들고 왼손은 뒤로 뻗어 든 채로 1박 1회로 무릎을 구부렸다 폈다 하면서 어른다.(어깨춤)

1) 좌수인상(左手引上) 좌족거(左足擧): 왼발을 들면서 왼손을 끌어 들어올린다.

2) 좌수견후이(左手肩後而) 좌족진(左足進) 우반전(右半轉): 왼손을 어깨 뒤쪽으로 뿌려 넘기며 왼발을 앞에 딛고 우(右)로 180도 돈다.

진행도	느린타령 8장단 동작
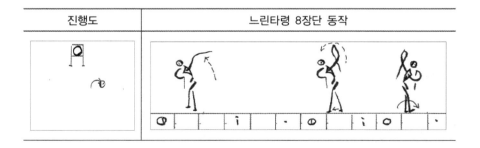	

 1박에 왼발을 들며 2박까지 왼손을 끌어 올리며 3박에 왼발을 앞에 디디며 왼손을 머리 위에서 한삼을 어깨 뒤쪽으로 뿌려 얹으며 4박까지 우(右)로 180도 돈다.

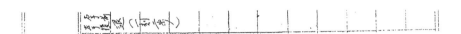

1) 우수전(右手前) 좌수후(左手後) 퇴(退) 일각이보(一刻二步)
: 오른손을 앞에 궁형(弓形)으로 들고 왼손은 머리 위에서 뒤쪽으로 뿌려 넘긴 동작으로 1장단에 이보(二步) 뒷걸음으로 퇴(退)한다.

진행도	느린타령 9장단 동작
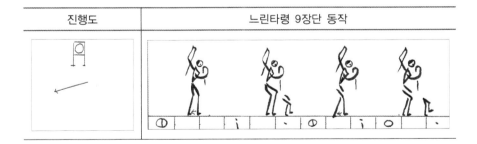	

왼손은 머리 위에서 한삼을 뒤로 넘기고 오른손 앞에 궁형(弓形)으로 든 동작 그대로 1박에 오른발 뒤에 딛고 2박에 오른발을 끌어오며 무릎을 구부리고 왼발을 들어 3박에 뒤에 디디며 4박에 무릎을 구부리며 오른발을 든다.

1) 우수전(右手前) 좌수후(左手後) 퇴(退) 일각사보(一刻四步)
   : 느린타령 9장단 동작 그대로 1박1보로 퇴(退)한다.

진행도	느린타령 10장단 동작
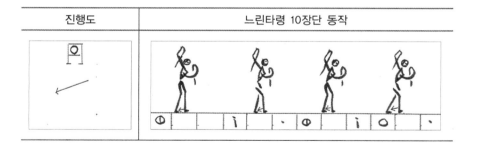	

느린타령 9장단 동작 그대로 1박1보로 퇴(退)한다.

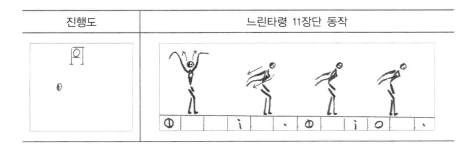

1) 양수불(상)(兩手拂(上)): 양손을 위로 뿌려 뒤로 뻗어든다.

2) 족도(足蹈): 무릎을 구부렸다 폈다 한다.

3) 양수불(兩手拂): 양손을 뒤에 뻗어든다.

진행도	느린타령 11장단 동작

1박에 양손을 위로 뿌려 2박까지 뒤로 뻗어들며 무릎을 구부리고 3박에 양손을 뒤로 뻗어든 대로 무릎을 편다.

1) 우수전(右手前) 좌수후(左手後) 도진부복(우족전)(跳進俯伏(右足前))
   : 양손을 펴들며 뛰어 나아가 오른발을 앞에 디디며 몸을 앞으로 숙여 오른손은 앞에 둥글 게 들고 왼손은 뒤에로 든다.
2) 평신좌수거상(平身左手擧上) 좌족전(左足前)
   : 왼발을 앞에 딛고 몸을 바로 서며 왼손을 들어 올린다.

진행도	느린타령 12장단 동작
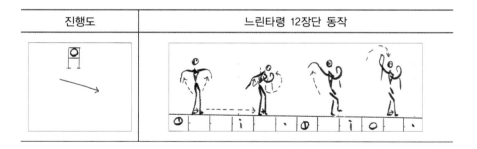	

1박에 양손을 펴들며 2박까지 뛰어 나아가 오른손은 앞에 들고 왼손은 뒤로 뻗어 들며 오른 발을 앞에 딛는다. 3박에 몸을 바르게 펴며 왼발을 들며 왼손을 높이 들어 4박에 왼발을 앞에 디디며 왼손을 어깨 위에서 뿌려 뒤로 제쳐 엎는다.

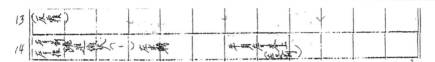

1) 반복(反覆): 여기에서 반복은 느린타령 11장단과 12장단을 반복하는 것이다.

2) 우수전(右手前) 좌수후(左手後) 도진부복(우족전)(跳進俯伏(右足前))
: 양손을 펴들며 뛰어 나아가 오른발을 앞에 디디며 몸을 앞으로 숙여 오른손은 앞에 둥글게 들고 왼손은 뒤에 든다.(여기까지는 느린타령 12장단과 같다.)

3) 좌반전(左半轉): 좌(左)로 180도 돈다.

4) 평신좌수거상(平身左手擧上) 좌족전(左足前)
: 왼발을 앞에 딛고 몸을 바로 서며 왼손을 들어 올린다.

진행도	느린타령 13장단 동작

1박에 양손을 위로 뿌려 2박까지 뒤로 뻗어들며 무릎을 구부리고 3박에 양손을 뒤에 뻗어 든 대로 무릎을 편다.

진행도	느린타령 13장단 동작
	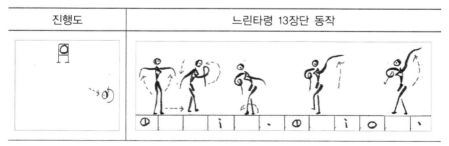

1박에 양손을 펴들며 뛰어나가 오른손은 앞에 들고 왼손은 뒤로 뻗어들며 오른발을 앞에 디디며 2박에 좌(左)로 180도 돌아 3박에 왼발을 들며 몸을 바르게 펴며 왼손을 높이 들어 4박에 왼발을 앞에 디디며 왼손을 어깨 위에서 뿌려 뒤에 제쳐 얹는다.

1) 양수안상롱수(각 1회)(兩手顔上弄手(各一回)) 우족전족도(이회)(右足前足蹈(二回))
   : 양손을 얼굴앞에 높이 들고 손을 각각 한 번씩 놀린다.(한 장단에 2번 놀린다.)

진행도	느린타령 15장단 동작
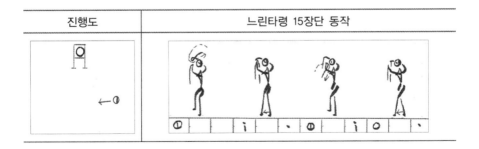	

1박에 양손을 얼굴 앞에 높이 들고 오른발을 들며 오른손을 안쪽으로 감아 돌려 뿌려들고 2박에 오른발을 앞에 딛고 3박에 왼발을 들며 왼손을 안쪽으로 감아 돌려 뿌려들고 왼발을 앞에 딛는다.(2박 1보로 무진)

1) 반복(反覆): 느린타령 15장단 동작을 반복한다.

진행도	느린타령 16장단 동작
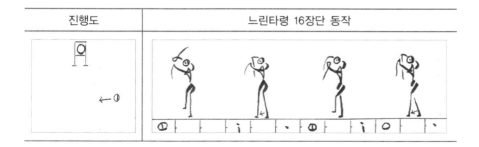	

느린타령 15장단 동작을 반복한다.

1) 양수안상롱수(각 2회)(兩手顔上弄手(各二回)) 족도2회(足蹈二回)
   : 양손을 얼굴 앞에 높이 들고 1박1회로 돌려 뿌린다.

진행도	느린타령 17장단 동작
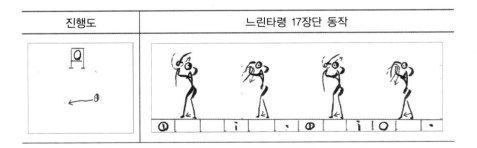	

1박에 오른발을 앞에 디디며 오른손을 안쪽으로 감아 뿌리고 2박에 왼발을 앞에 디디며 왼손을 안쪽으로 감아 뿌리고 3박에 오른발을 앞에 디디며 오른손을 안쪽으로 감아 뿌리고 4박에 왼발을 앞에 디디며 왼손을 안쪽으로 감아 뿌려 양손을 얼굴 앞에 든다.(1박 1보 무진)

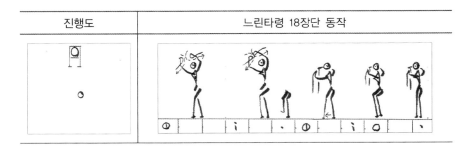

1) 개수앙천(開手仰天) 양수급회전(兩手急廻轉)
  : 양손을 위로 벌려 들고 하늘을 쳐다보며 오른손을 안쪽으로 감아 뿌리고 다음에 왼손을 안쪽으로 감아 뿌린다.
  주(註) 오른손 왼손을 1박 안에 급하게 감아 뿌린다.

2) 합수우족진족도(合手右足進足蹈)
  : 양손을 앞에 모아들고 오른발을 앞에 디디며 무릎을 구부렸다 폈다 한다.

진행도	느린타령 18장단 동작

왼발을 앞에 놓은 상태에서 양손을 높이 벌려들고 하늘을 쳐다보며 1박에 오른손을 안쪽으로 감아 돌려 뿌리고 다음에 왼손을 안쪽으로 감아 돌려 뿌린다. 2박에 제1동작을 반복하여 무릎을 굽혔다 펴며 오른발을 들어 3박에 앞에 디디며 양손을 가슴 앞에 모아들고 4박에 무릎을 굽혔다 편다.

1) 합수(원형)이진(일각이보)(合手(圓形)而進(一刻二步))
   : 양손을 가슴 앞에 원형으로 모아들고 1장단에 두 발을 앞으로 나아간다.

진행도	느린타령 19장단 동작
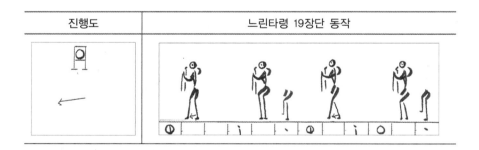	

양손을 가슴 앞에 원형으로 모아들고 2박 1보로 무진한다.

1) 합수(원형)이진(일각사보)(合手(圓形)而進(一刻四步))
   : 양손을 가슴 앞에 원형으로 모아들고 1장단에 4보 무진한다.

진행도	느린타령 20장단 동작
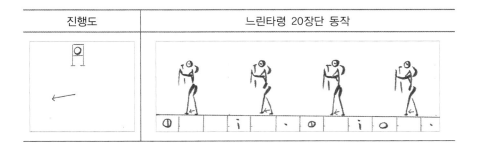	

양손을 가슴 앞에 원형으로 모아 든 대로 1장단에 4보 무진한다.

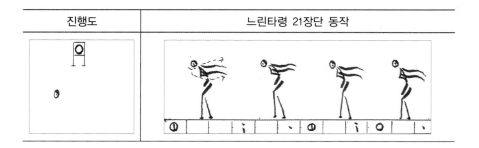

1) 양수불상(兩手拂上): 양손을 뒤로 뻗어든다.
2) 족도(足蹈): 무릎을 구부렸다 폈다 한다.

진행도	느린타령 21장단 동작
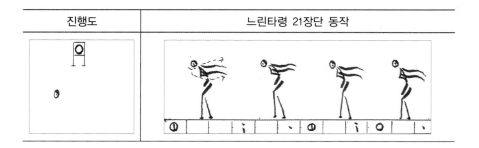	

왼발을 앞에 딛고 1박에 양손을 뒤로 뻗어 들고 2박에 무릎을 구부리고 3박에 펴고 4박에 무릎을 구부린다.

1) 좌수인상(左手引上) 좌족거(左足擧): 왼발을 들며 왼손을 끌어 올린다.

2) 좌수궁형(左手弓形) 좌족전(左足前): 왼발을 앞에 디디며 왼손을 앞에 궁형(弓形)으로 든다.

3) 족도(足蹈): 무릎을 구부렸다 폈다 한다.

진행도	느린타령 22장단 동작
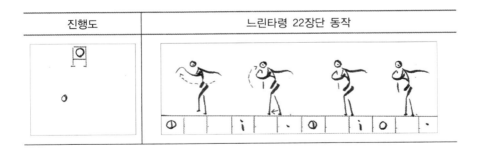	

1박에 왼발을 들며 왼손을 끌어 올리며 2박에 왼발을 앞에 디디며 왼손을 앞에 궁형(弓形)으로 들고 3박에 무릎을 구부리고 4박에 무릎을 편다.

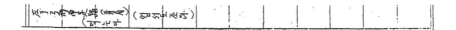

1) 좌수궁형이족도(左手弓形而足蹈) 견롱(肩弄)
  : 왼손을 앞에 궁형(弓形)으로 들고 어깨춤을 춘다.
2) 견롱(肩弄)
  : 어깨를 놀린다는 뜻으로 어깨춤을 춘다는 뜻이다. 이를 「먹는다」라고도 한다.
  주(註) 「없어서도조다」는 하지 않아도 된다는 뜻이다.

진행도	느린타령 23장단 동작
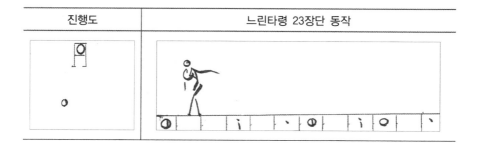	

왼손은 앞에 궁형(弓形)으로 들고 왼손은 뒤에 뻗어든 동작 그대로 한 장단동안 어깨춤을
춘다.

1) 우수전(右手前) 우족진(右足進) 부(俯)
    : 오른발을 앞에 디디며 오른손을 뒤에서 앞으로 뿌려 넘기며 몸을 앞으로 숙인다.

2) 우수후불(右手後拂) 우족퇴(右足退) 평(平)
    : 오른발을 뒤에 디디며 오른손을 앞에서 뒤로 뿌려 넘기며 몸을 바로 편다.

진행도	느린타령 24장단 동작
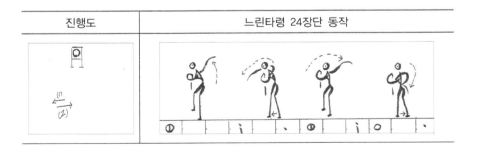	

1박에 오른발을 들며 오른손을 뒤에서 끌어 올리며 몸을 앞으로 숙이고 2박에 오른손을 뒤에서 앞에 뿌려 넘기며 오른발을 앞에 딛고 3박에 오른발을 들며 오른손을 앞에서 뒤로 뿌려 넘기며 몸을 바로 하고 4박에 오른발을 뒤에 디디며 오른손을 뒤로 내린다.

1) 반복(反覆): 느린타령 24장단 동작을 반복한다.

진행도	느린타령 25장단 동작
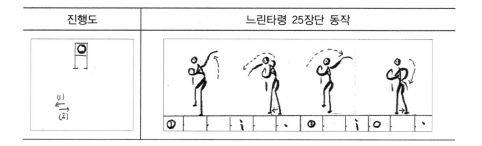	

느린타령 24장단 동작을 반복한다.

1) 우수전(右手前) 우족진(右足進) 부(俯)
   : 오른발을 앞에 디디며 오른손을 뒤에서 앞으로 뿌려 넘기며 몸을 앞으로 숙인다.

2) 좌족거(左足擧)
   : 왼발을 든다.

3) 우수후불(右手後拂) 좌족진(左足進)
   : 왼발을 앞에 디디며 오른손을 앞에서 뒤로 뿌려 넘긴다.

진행도	느린타령 26장단 동작

  1박에 오른발을 앞에 디디며 오른손을 뒤에서 앞으로 뿌려 넘기며 몸을 앞으로 숙이고 2박에 왼발을 들고 3박에 왼발을 앞에 디디며 오른손을 앞에서 뒤로 뿌려 넘기며 뻗어들고 4박에 오른발을 든다.(2박 1보로 무진)

1) 우수전(右手前) 우족진(右足進)

  : 오른발을 앞에 디디며 오른손을 뒤에서 앞으로 뿌려 넘기며 몸을 숙인다.

2) 우수후불(右手後拂) 좌족진(左足進)

  : 왼발을 앞에 디디며 오른손을 앞에서 뒤로 뿌려 넘기며 뻗어든다.

3) 우수전(右手前) 우족진(右足進)

  : 오른발을 앞에 디디며 오른손을 뒤에서 앞으로 뿌려 넘긴다.

4) 우수후불(右手後拂) 좌족진(左足進)

  : 왼발을 앞에 디디며 오른손을 앞에서 뒤로 뿌려 넘겨 뻗어든다.

진행도	느린타령 27장단 동작
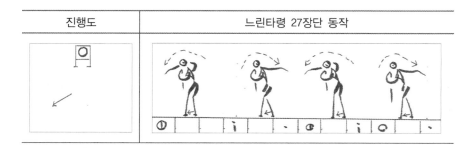	

1박에 오른발을 앞에 디디며 오른손을 뒤에서 앞으로 뿌려 넘기며 몸을 숙이고 2박에 왼발을 앞에 디디며 오른손을 앞에서 뒤로 뿌려 넘기며 뻗어들고 3박에 오른발을 앞에 디디며 오른손을 뒤에서 앞으로 뿌려 넘기고 4박에 왼발을 앞에 디디며 오른손을 앞에서 뒤로 뿌려 넘기며 뻗어든다.

1) 우수인상(右手引上) 우족거(右足擧)

   : 오른발을 들며 오른손을 끌어 올린다.

2) 우족진(右足進)

   : 오른발을 앞에 딛는다.

3) 우수견후(右手肩後) 좌전반(左轉半)

   : 오른손을 어깨 뒤로 뿌려 엎으며 좌(左)로 180도 돌아선다.

진행도	느린타령 28장단 동작
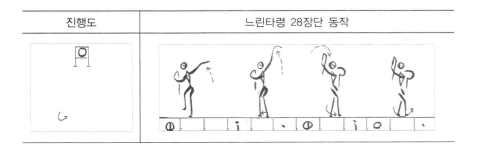	

   1박에 오른발을 들며 오른손을 끌어 올리고 2박에 오른발을 앞에 디디며 오른손을 높이 들어 3박에 오른손을 어깨 위로 뿌려 엎으며 4박까지 180도 돌아선다.

1) 우수견후(右手肩後) 좌수궁형(左手弓形) 이족도롱견(而足蹈弄肩)(먹는다)업서도춧다
   : 오른손은 어깨 위에 얹고 왼손앞에 궁형(弓形)으로 든 동작으로 1, 2, 3, 4박 동안 어깨춤
   을 춘다.

진행도	느린타령 29장단 동작
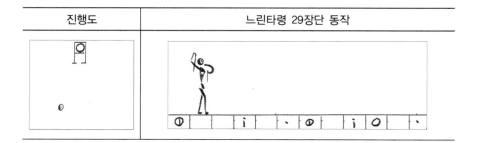	

오른손은 어깨 위에 얹고 왼손은 앞에 궁형(弓形)으로 든 그대로 1박 1회로 어깨춤을 춘다.

1) 양수불상(兩手拂上): 양손을 위로 뿌려 뒤로 뻗어든다.

2) 족도(足蹈): 무릎을 구부렸다 폈다 한다.

진행도	느린타령 30장단 동작
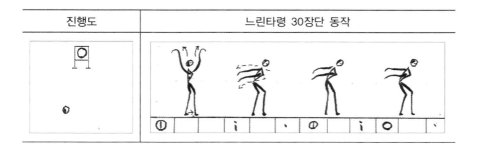	

1박에 오른발을 앞에 디디며 양손을 위로 뿌려 내리며 2박에 몸을 앞으로 숙이며 뒤로 뻗어들며 무릎을 구부리고 3박에 구부리고 4박에 무릎을 편다.

1) 좌수인상(左手引上) 좌족거(左足擧)
   : 왼발을 들며 왼손을 끌어 올린다.
2) 좌수궁형(左手弓形) 좌족진(左足進)
   : 왼발을 앞에 디디며 왼손을 앞에 궁형(弓形)으로 든다.
2) 족도(足蹈)
   : 무릎을 구부렸다 폈다 한다.

진행도	느린타령 31장단 동작
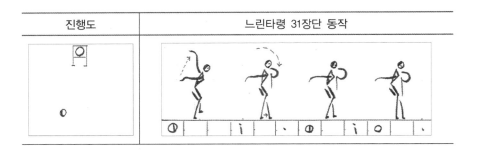	

1박에 왼발을 들며 왼손을 끌어 올려 2박에 왼발을 앞에 디디며 왼손을 앞에 궁형(弓形)으로 들고 3박에 무릎을 구부리고 4박에 무릎을 편다.

1) 우수인상(右手引上) 우족거(右足擧)

　　: 오른발을 들며 오른손을 끌어 올린다.

2) 우족진(右足進)

　　: 오른발을 앞에 든다.

3) 합수(좌견빈)(合手(左肩貧)) 족도(足蹈)

　　: 오른발을 앞에 디디며 양손을 앞에 모아서 왼쪽어깨에 뿌려 멘다.

진행도	느린타령 32장단 동작
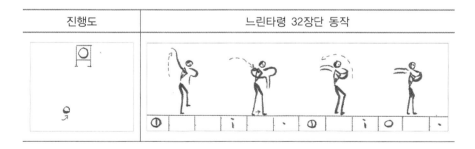	

1박에 오른발을 들며 오른손을 끌어 올려 2박에 오른발을 앞에 디디며 오른손을 앞으로 뿌려 넘겨 양손을 앞에 모아서 3박에 양손을 왼쪽 어깨에 뿌려 얹으며 북을 향한다. 4박에 무릎을 편다.

1) 합수(좌견빈)이진(合手(左肩貧)而進) 일각이보(一刻二步)
   : 양손을 왼쪽어깨에 멘 그대로 2박1보로 북을 향하여 무진한다.

진행도	느린타령 33장단 동작
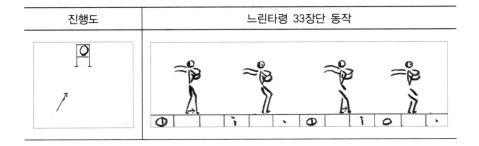	

양손을 왼쪽어깨에 멘 그대로 2박1보로 북을 향하여간다.

1) 양손을 왼쪽어깨에 메대로 1각 4보로 북을 향하여 간다.

　주(註):「 " 」은 합수(合手)한 느린타령 33장단 원문을 그대로 한다는 뜻이다.

　1각 4보(一刻四步)는 1장단에 4보로 북을 향하여 간다는 뜻이다.

진행도	느린타령 34장단 동작
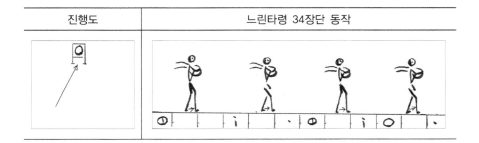	

양손을 왼쪽어깨에 멘대로 1박1보롤 북 앞까지 간다.

4. 자진타령

자진타령 원문 1장단 분석

1) 삭(數): '(1)셈수 (2)자주할 삭' 으로 삭은 '급히 한다'의 뜻이다. 우리음악에서 가곡(歌曲에
   많이 쓰여지고 있다.

2) 우수타고(右手打鼓): 오른손을 북을 친다.

3) 우수후염(右手後斂) 좌수타고(左手打鼓): 오른손은 뒤로 내려 여미고 왼손을 북을 친다.

4) 좌대전(左大轉): 좌(左)로 360도 돌아선다.

5) 좌수전거(상)(左手前擧(顙)): 왼손을 이마 앞에 든다. 상(顙)은 '이마 상'으로 얼굴눈썹 뒷부
   분까지 든다.

진행도	자진타령 1장단 동작
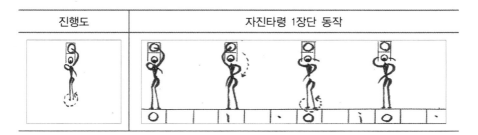	

양손을 왼쪽어깨에 멘 상태에서 1박에 오른손으로 북을 치고 2박까지 뒤로 내려 여미고 2박
에 왼손으로 북을 치면 오른쪽 뒤로 내려 여미고 3박에 왼손은 가슴 앞에 둥글게 들고 오른손은
뒤에 내려 여민 동작으로 좌(左)로 360도 돌아 4박에 왼손을 이마위에 든다.

자진타령 원문 2장단 분석

1) 좌수타고(左手打鼓): 왼손으로 북을 친다. 오른손은 뒤로 내린 대로한다.

2) 우수타고(右手打鼓) 좌수후염(左手後斂): 오른손으로 북을 치고 왼손은 뒤에 내려 여민다.

3) 우대전(右大轉): 우(右)로 360도 돌아선다.

4) 우수전(상)(右手前(額)): 오른손을 이마 앞에 든다.

진행도	자진타령 2장단 동작
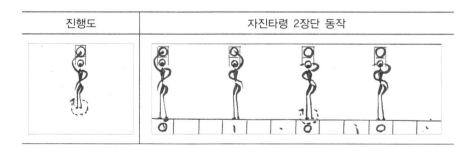	

1박에 왼손으로 북을 치고 2박까지 뒤로 내려 여미고 2박에 오른손으로 북을 치고 3박에 오른손은 가슴 앞에 둥글게 들고 왼손은 뒤에 내려 여민동작으로 우(右)로 360도 돌아 4박에 오른손을 이마위로 든다.

1) 우수타고(右手打鼓): 오른손으로 북을 친다.

2) 좌수타고(左手打鼓): 왼손으로 북을 친다.

3) 고(鼓)
   향(向) : 북을 오른쪽으로 90도 돌아 선다.

4) 좌수롱(坐手弄) 좌수전우수후(左手前右手後)
   : 손을 놀리며 앉아 왼손 앞, 오른손 뒤로 감아 내린다.

진행도	자진타령 3장단 동작
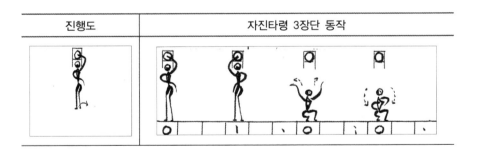	

1박에 오른손으로 북을 치고 2박까지 뒤로 내리고 2박에 왼손으로 북을 치고 3박에 양손을 위로 뿌려 북 오른쪽으로 90도 돌아앉으며 4박까지 왼손 앞, 오른손 뒤로 감아 내린다.

1) 좌수롱(坐手弄) 우수전 $\frac{좌}{우}$수후(右手前 $\frac{左}{右}$手後): 원문내용의 좌수롱(左手弄)은 앉아서 손을 놀린다는 뜻이고 우수전 $\frac{좌}{우}$수후(右手前 $\frac{左}{右}$手後)는 앉을 때 오른손은 앞, 왼손은 뒤에 내린다는 뜻이고 $\frac{좌}{우}$수후($\frac{左}{右}$手後)는 처음에는 오른손은 앞, 왼손은 뒤에 내리며 앉고 다음은 왼손은 앞, 오른손은 뒤로 내린다는 뜻이다.

좌수전우수후(좌수저우수후): 왼손은 앞에 내리고 오른손은 뒤로 내린다.

진행도	자진타령 4장단 동작
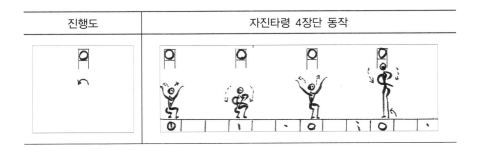	

1박에 몸을 조금 일어나며 양손을 위로 뿌려 2박에 앉으며 오른손 앞, 왼손 뒤로 감아 내리고 3박에 일어나며 양손을 위로 뿌려 4박에 북을 향해 90도 돌아서며 오른손 뒤, 왼손 앞에 감아 내린다.

1) 좌수타고(左手打鼓): 왼손으로 북을 치다.

2) 우수타고(右手打鼓) 고(鼓)/향(向) : 오른손으로 북을 치고 좌(左)로 90도 돌아 선다.

3) 좌수롱(坐手弄) 우수전좌수후(右手前左手後): 손을 놀리며 앉아 오른손 앞, 왼손 뒤로 내린다.

진행도	자진타령 5장단 동작
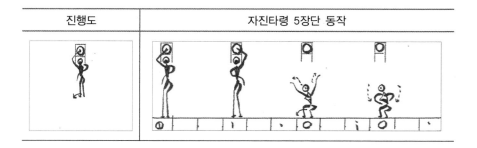	

1박에 왼손으로 북을 치고 2박까지 뒤로 내리고 2박에 오른손으로 북을 치고 3박에 양손을 위로 뿌려 좌(左돌)로 90도 돌아앉으며 오른손 앞, 왼손 뒤로 감아 내린다.

1) 좌수롱(坐手弄) 좌수전우수후(左手前右手後)
   : 앉으면서 손을 놀려 왼손 앞, 오른손 뒤로 감아 내린다.
2) 우수전좌수후(右手前左手後)
   : 오른손 앞, 왼손 뒤로 바꾸어 내린다.

진행도	자진타령 6장단 동작

 1박에 몸을 조금 일어나며 양손을 위로 뿌려 2박에 앉으며 왼손 앞, 오른손 뒤로 감아 내리고 3박에 일어나며 양손을 뒤로 뿌려 4박에 북을 향해 90도 돌아서며 오른손 앞, 왼손 뒤로 감아 내린다.

1) 우수타고(右手打鼓): 오른손으로 북을 친다.

2) 좌수타고(左手打鼓): 왼손으로 북을 친다

3) 우수타고(右手打鼓): 오른손으로 북을 친다.

4) 좌수타고(左手打鼓): 왼손으로 북을 친다

진행도	자진타령 7장단 동작
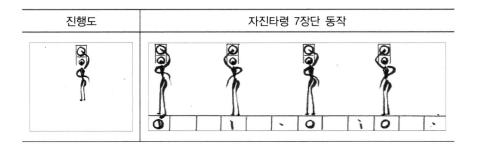	

　1박에 오른손으로 북을 치고 왼손은 뒤로 여미고 2박에 왼손으로 북을 치고 오른손은 뒤로 여미고 3박에 오른손으로 북을 치고 왼손은 뒤로 여미고 4박에 왼손으로 북을 치고 오른손은 뒤로 여민다.

1) 양수타고(兩手打鼓): 양손으로 북을 친다.

2) 롱수(弄手): 손을 놀린다.

3) 양수타고(兩手打鼓): 양수로 북을 친다.

4) 양수타편(兩手打鞭): 양손으로 북 위쪽의 편변을 친다.

진행도	자진타령 8장단 동작
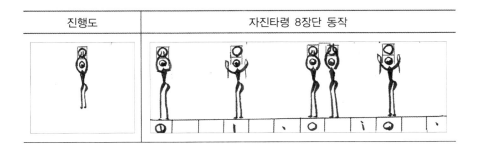	

　1박에 양손으로 북을 치고 2박에 양손의 한삼을 뒤쪽으로 뿌려 넘기고 3박에 북 중앙을 치고 이어서 북 위쪽 변죽을 치고 4박에 양손을 뒤쪽으로 뿌려 넘긴다.

5. 느린굿거리

느린굿거리 원문 1장단 분석

1) 굿거리 만(慢)
   : 만(慢)을 음악에서 느리게 연주한라는 뜻으로 굿거리 음악을 느리게 연주한다.

2) 삼정위박(三井爲拍)
   : 삼정간(三井間)을 1박으로 하라는 뜻이다.

3) 양수타고부복(兩手打鼓俯伏) 좌반전(左半前)
   : 양손으로 북을 치고 몸을 앞으로 구부리고 물러나서 좌(左)로 90도 돌아선다.

4) 양수불상(兩手拂上)
   : 양손을 뒤로 뻗어든다.

진행도	느린굿거리 1장단 동작
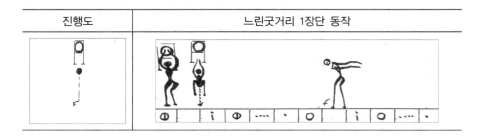	

뒤로 뿌려 넘긴 양손을 1박에 양손을 앞으로 뿌려 한삼을 끌고 2박까지 뒷걸음으로 주르르 퇴(退)하여 3박에 좌(左)로 90도 돌아서며 양손을 4박까지 뒤로 뻗어든다.

1) 양수인상(兩手引上) 우족전(右足前): 오른발을 앞에 들며 양손을 끌어 올린다.
2) 양수불상(兩手拂上): 오른발을 앞에 디디며 양손을 뒤로 뻗어든다.

진행도	느린굿거리 2장단 동작
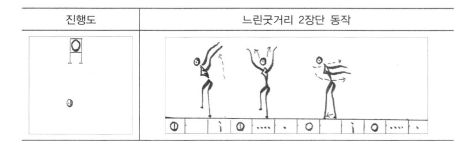	

1박에 오른발을 들며 양손을 뒤에서 끌어 올리며 2박에 위로 뿌려 벌려 내리며 3박에 오른 발 앞에 디디며 양손을 4박까지 뒤로 뻗어 든다.

1) 양수인상(兩手引上) 좌족전(左足前): 왼발을 들며 양손을 끌어 올린다.
2) 양수불상(兩手拂上) 좌족전(左足前): 왼발을 앞에 디디며 양손을 뒤로 뻗어든다.

진행도	느린굿거리 3장단 동작
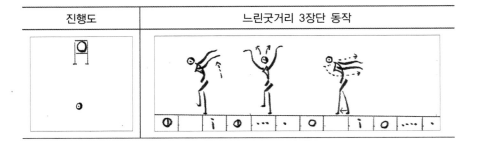	

1박에 왼발을 들며 양손을 뒤에서 끌어 올려 2박에 위로 뿌려 벌려 내리며 3박에 왼발 앞에
디디며 양손을 4박까지 뒤로 뻗어든다.

느린굿거리 원문 4장단 분석

1) 양수인상(兩手引上) 우족전(右足前): 오른발을 들며 양손을 끌어 올린다.

2) 양수불상(兩手拂上) 우족진(右足進): 오른발을 앞에 디디며 양손을 뒤로 뻗어들어 올린다.

진행도	느린굿거리 4장단 동작
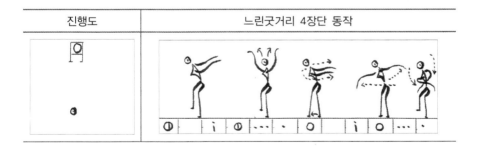	

1박에 오른발을 들며 양손을 끌어 올려 2박에 위로 뿌려 벌리고 3박에 오른발을 앞에 디디며 양손을 뒤로 뻗어 들어 4박에 벌려 오른손 앞, 왼손 뒤로 감아 내린다.

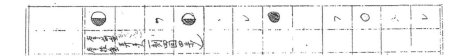

1) 우수전수(右手前垂) 좌수후수(左手後垂) 롱수(弄手) 일각4회4보(一刻四回四步)
   : 수(垂)는 '드리운다'의 뜻으로 버드가지처럼 아래로 처지게 한다는 뜻이다. 그러므로 오른손은 앞에 왼손은 뒤에 버드가지처럼 느러지게 1장단에 4보 무진하면서 4회 늘어지게 양손을 놀리여라는 뜻이다.

진행도	느린굿거리 5장단 동작
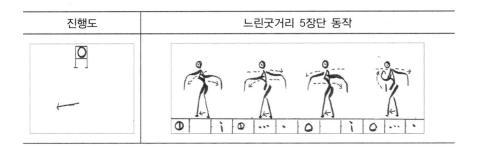	

1박 1보로 무진하면서 1박에 오른손 앞, 왼손 뒤로 뿌려 앞, 뒤로 뻗어들고 2박에 왼손 앞, 오른손 뒤로 교체하여 뻗어들고 3박에 오른손 앞, 왼손 뒤로 교체하여 뻗어들고 4박에 왼손 앞, 오른손 뒤로 교체하여 왼손은 앞에 궁형으로 들고 오른손은 뒤로 뻗어든다.

느린굿거리 원문 6장단 분석

1) 우수인상(右手引上) 우족거(右足擧)
: 오른발을 들면서 오른손을 뒤에서 끌어 올린다.

2) 좌반전(左半轉)
: 좌(左)로 90도 내지 180도 돌아 선다.

3) 우수견후(右手肩後) 좌수전(左手前)
: 왼손은 앞에 들고 오른손은 어깨 뒤쪽으로 뿌려 얹는다.

진행도	느린굿거리 6장단 동작
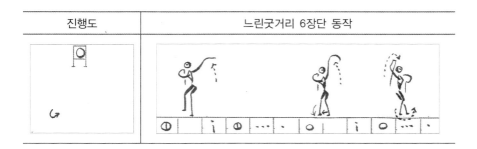	

1박에 오른발을 들며 오른손을 2박까지 끌어 올리며 3박에 오른발을 앞에 디디며 좌(左)로 4박까지 180도 돌며 오른손을 어깨 뒤로 뿌려 넘긴다.(돌며 왼발이 앞에 온다.)

1) 우수견후(右手肩後) 좌수궁형(左手弓形) 이족도롱견(而足蹈弄肩)
   : 오른손은 어깨 위에서 뒤로 넘기며 들고 왼손 앞에 궁형(弓形)으로 든 동작으로 어깨를 놀린다.

   주(註):어깨를 놀린다는 뜻은 '어깨춤을 춘다'이다.

2) 먹는다
   : 어깨춤을 춘다.

3) 업서도조다
   : 이 동작은 하지 않고 빼도 된다는 뜻이다.

4) 좌수궁형면좌정시(左手弓形面左正媤)
   : 왼손을 궁형(弓形)으로 들고 얼굴은 왼쪽 정면을 살핀다.

   ※시(媤)는 '살핀다'의 뜻이다.

진행도	느린굿거리 7장단 동작
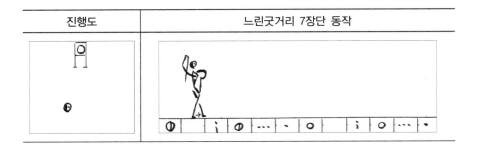	

오른손을 어깨 뒤쪽에 뿌려 얹고 왼손은 앞에 궁형(弓形)으로 들고 왼발 앞에 딛은 상태로 1, 2, 3, 4박 동안 1박 1회를 어깨춤을 춘다.

1) 양수불상(兩手拂上): 양손을 위로 뿌려 뒤로 뻗어 든다.

2) 족도(足蹈): 무릎을 구부렸다 폈다 한다.

진행도	느린굿거리 8장단 동작
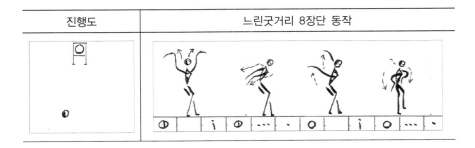	

1박에 양손을 위로 뿌려 내리며 2박에 뒤로 뻗어들며 3박에 뒤쪽으로 높이 들며 벌려 내려 오른손 앞, 왼손 뒤에 감아 내린다.(7장단에 왼발을 앞에 딛은 대로 한다.)

1) 우수전(右手前) 좌수후(左手後)
   : 오른손 앞, 왼손 뒤로 교체하여 뿌린다.
2) 소불이진(小拂而進)
   : 소불은 양손을 교체해 앞, 뒤로 뿌릴 때 손을 높지 않게 뿌리며 무진한다.
3) 일각일회(一刻一回)
   : 1박에 한 번씩 오른손과 왼손을 바꾸면서 1장단에 4번한다.

진행도	느린굿거리 9장단 동작
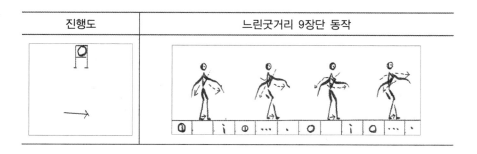	

1박에 오른손 앞, 왼손 뒤로 작게 뿌려들고 2박에 왼손 앞, 오른손 뒤 3박에 오른손 앞, 왼손 뒤 4박에 왼손 앞, 오른손 뒤에 교체하여 뿌리며 1박1보로 무진한다.

1) 반복(反覆): 느린굿거리 9장단을 반복한다.

진행도	느린굿거리 10장단 동작
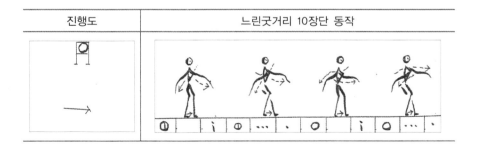	

　1박에 오른손 앞, 왼손 뒤로 작게 뿌려들고 2박에 왼손 앞, 오른손 뒤 3박에 오른손 앞, 왼손 뒤 4박에 왼손 앞, 오른손 뒤에 교체하여 뿌리며 1박1보로 무진한다.

1) 좌수인상회두이단(左手引上廻頭而坍) 좌족거(左足擧)
   : 왼발을 들며 왼손을 끌어 올리며 머리 위에서 물이 언덕을 넘쳐 무너뜨리듯이 2번 돌린다.
   ※ 단(坍)은 물이 언덕을 넘을 단으로 단(단)으로도 사용하였으나 지금은 쓰지 않는다.
2) 우반전(右半轉): 오른쪽을 90도에서 180도 돌아선다.

진행도	느린굿거리 11장단 동작
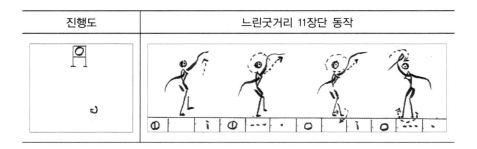	

1박에 왼발을 들며 왼손을 끌어 올려 2박에 왼손을 머리 위에서 물이 언덕을 넘쳐흐르듯이 1회 돌리고 3박에 왼발을 앞에 디디며 4박까지 180도 돌려 또 머리 위에서 1회 돌려 4박에 뒤로 뿌려 얹는다.

1) 좌수전(左手前) 우수후(右手後) 소불이진(小拂而進) 1각 2회(一刻二回)

: 왼손 앞, 오른손 뒤로 높지 않게 뿌려들고 다음은 오른손 앞, 왼손 뒤로 뿌려든다. 이
동작을 1장단에 두 번하며 무진한다.

진행도	느린굿거리 12장단 동작
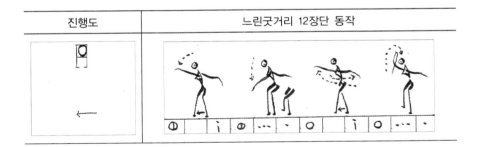	

1박에 오른발을 앞에 디디며 왼손을 뿌려 2박까지 내리며 2박에 무릎을 구부리며 왼발을
들고 3박에 왼발을 앞에 디디며 오른손 앞, 왼손 뒤로 교체하여 4박까지 오른손은 머리 위에
뿌려 얹고 왼손은 뒤로 뻗어든다.

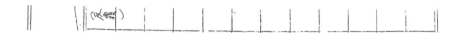

1) 반복(反覆): 느린굿거리 12장단을 반복한다.

진행도	느린굿거리 13장단 동작
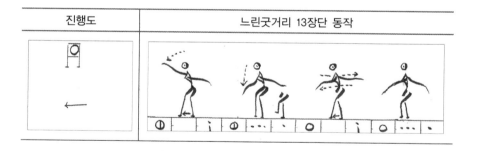	

　　1박에 오른발을 디디며 오른손을 뿌리며 2박까지 내리며 2박에 무릎을 구부리며 왼발을 들고 3박에 왼발을 앞에 디디며 왼손 앞, 오른손 뒤로 교체하여 4박까지 오른손은 머리 위에 뿌려 얹고 왼손은 뒤로 뻗어든다.

1) 우수인상회두이수(右手引上回頭而垂) 우족거(右足擧)
   : 오른발을 들며 오른손을 끌어 올리며 머리 위에서 돌려 한삼을 늘어뜨린다.

2) 좌반전(左半轉): 왼쪽으로 90도~180도 돌아선다.

3) 우수견후(右手肩後) 좌수전(左手前): 오른손은 어깨 뒤에 메고 왼손은 앞에 든다.

진행도	느린굿거리 14장단 동작
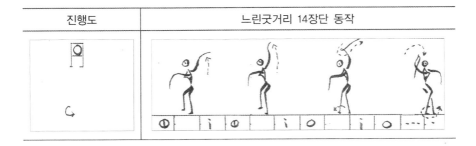	

    1박에 오른발을 들며 2박까지 오른손을 끌어 올려 3박에 오른발을 앞에 디디며 오른손을 머리 위에서 돌려 뿌려 좌(左)로 4박까지 180도 돌아 오른손을 어깨 위에서 뒤쪽으로 뿌려 넘긴다.

1) 양수불상(兩手拂上): 양수를 뒤에서 들어 올리며 뻗어든다.

2) 족도(足蹈): 무릎을 구부렸다 폈다 한다.

3) 양수불(兩手拂): 양손을 뒤에 뻗어 든 대로 무릎을 구부렸다 폈다 한다.

진행도	느린굿거리 15장단 동작
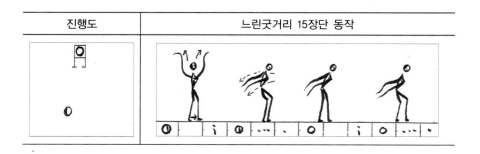	

1박에 오른발을 앞에 디디며 양손을 위로 뿌려 2박까지 벌려 내려 뒤로 뻗어 들며 무릎을 구부리고 3박에 무릎을 펴고 4박에 구부린다.

1) 도진좌(跳進坐) 좌향(左向) 우수불(右手拂) 평(平)

   : 뛰어 나아가 좌측을 향하여 앉으며 오른손은 뒤에서 어깨와 평행으로 든다.

2) 좌수우흉안(左手右胸按)

   : 왼손은 손끝이 오른쪽을 향하게 가슴 앞에 끌어당기며 뿌려 오른쪽 어깨에 멘다.

3) 양수불(兩手拂) 우평(右平)

   : 양수를 뒤에 내렸다가 오른손은 어깨와 평행으로 든다.

진행도	느린굿거리 16장단 동작
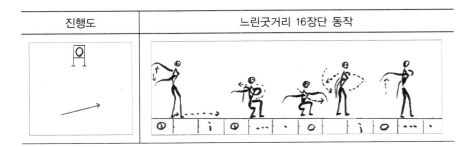	

뒤에 뻗어 든 양손을 1박에 뛰어 나아가며 양손을 벌려 들어 2박에 좌측을 향하여 앉으며 오른손은 어깨와 평행으로 들고 왼손 가슴 앞으로 끌어당기며 뿌려 오른쪽 어깨에 멘다. 3박에 일어나며 왼손을 앞으로 뿌려 뒤로 내리며 오른손도 뒤에 내렸다가 4박에 오른손을 다시 어깨와 평행으로 든다.

1) 좌수불(左手拂) 평(平)
   : 뒤로 내린 왼손을 어깨와 평행으로 든다.

2) 우수좌흉안(右手左胸按)
   : 오른손의 손끝이 왼쪽을 향하게 가슴 앞에 끌어당기며 뿌려 왼쪽 어깨에 멘다.

3) 양수불(兩手拂) 좌평(左平)
   : 양손을 뒤로 내렸다가 왼손은 어깨와 평행으로 든다.

진행도	느린굿거리 17장단 동작
	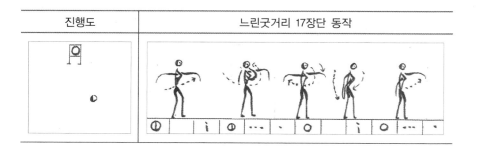

　1, 2박 안에 왼손은 어깨와 평행으로 들고 오른손은 가슴 앞으로 끌어당기며 뿌려 왼쪽 어깨에 멘다. 3박에 오른손을 앞을 뿌려 뒤로 내리며 왼손도 뒤로 내렸다가 4박에 왼손을 다시 어깨와 평행으로 든다.

1) 양수두상이회롱수(兩手頭上二廻弄手) 좌(坐) 일각이회(一刻二回)
   : 양손을 머리 위에서 2회 돌린다. 1장단에 2회 돌린다.

주(註): 롱수(弄手)는 '손을 놀린다'의 뜻으로 양손을 머리 위에서 2회 돌리는 형상을 '놀린
    다'로 표현한 것이고 좌(坐)는 '앉는다'는 뜻이나 여기에서는 무릎을 '깊이 구부린다'의
    뜻이다.

진행도	느린굿거리 18장단 동작
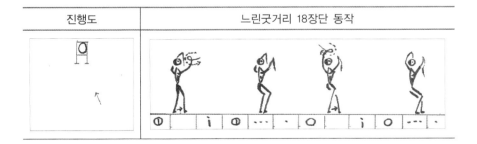	

1박에 오른발을 앞에 디디며 양손을 머리 위에 들고 오른손을 안으로 돌려 뿌리고 2박에
무릎을 깊이 구부리고 3박에 왼발을 앞에 디디며 왼손을 안으로 돌려 뿌리고 4박에 무릎을
깊이 구부린다.(2박1보 무진)

1) 반복(反覆): 앞의 느린굿거리 18장단을 반복한다.

진행도	느린굿거리 19장단 동작
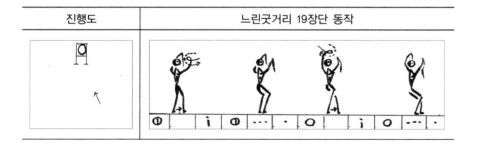	

1박에 오른발을 앞에 디디며 양손을 머리 위에 들고 오른손을 안으로 돌려 뿌리고 2박에 무릎을 깊이 구부리고 3박에 왼발을 앞에 디디며 왼손을 안으로 돌려 뿌리고 4박에 무릎을 깊이 구부린다.(2박1보 무진)

1) 양수두상회롱수(兩手頭上廻弄手) 일각사회(一刻四回)
 : 양손을 머리 위에서 1장단에 4번 돌려 뿌린다.

진행도	느린굿거리 20장단 동작
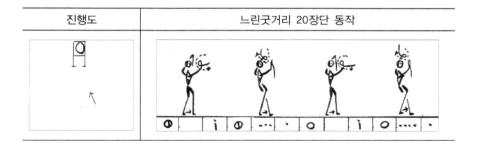	

양손을 머리 위에 들고 1박1보로 무진하며 1박에 오른손을 안쪽으로 돌려 뿌리고 2박에 왼손 3박에 오른손 4박에 왼손을 돌려 뿌린다.

1) 양수급회전(兩手急廻轉)
: 양손을 머리 위로 들고 1박에 오른손, 왼손을 돌려 뿌린다.

※급회전(急廻轉)은 급히 한다는 뜻이다.

2) 우수견빈(右手肩貧) 좌수후염(左手後斂) 이롱우견(而弄右肩)
: 오른손은 오른쪽 어깨에 뿌려 얹고 왼손은 뒤로 여미고 어깨춤을 춘다.

※분(分)은 '갈라지다, 분할한다'의 뜻이고 패(貝)는 금전, 재화를 뜻함은 옛날에 전복 껍질을 돈으로 사용 할 때의 뜻을 남고 있다. 그러므로 돈을 나누면 가난하다하여 가난할 빈으로 사용한다. 빈(貧)은 오른손을 높이 들어 뿌려 한삼을 늘어뜨리는 동작을 말한다.

진행도진행도	느린굿거리 21장단 동작
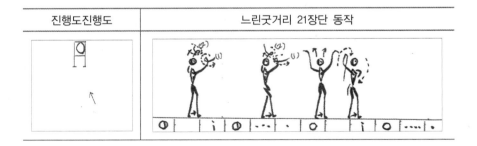	

1박에 오른발을 앞에 디디며 (1)오른손 (2)왼손을 안쪽으로 급히 돌려 뿌린다. 2박에 왼발을 앞에 디디며 (1)오른손 (2)왼손을 돌려 뿌려 3박에 양손을 위로 뿌리며 오른손은 높이 들어 한삼을 뒤로 뿌려 넘기고 왼손은 뒤에 내려 여미고 4박에 어깨춤을 춘다.

1) 좌견롱(左肩弄) 차평신(次平身)
  : 왼쪽 어깨를 올리고 오른쪽 어깨는 내리고 다음에 몸을 바로 한다.(어깨춤)
2) 우견롱(右肩弄) 차평신(次平身)
  : 오른쪽 어깨를 올리고 왼쪽 어깨는 내리고 다음에 몸을 바로 한다.(어깨춤)

진행도	느린굿거리 23장단 동작
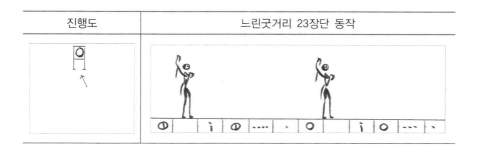	

1, 2박에 왼쪽 어깨를 올리고 오른쪽 어깨를 내리고 3, 4박에 오른쪽 어깨를 올리며 어깨춤을 춘다.(2박1회)

1) 좌수인상(左手引上) 좌족거(左足擧): 왼발을 들며 왼손을 끌어 올린다.

2) 좌수거(左手擧) 전(前): 왼손을 들어 앞에 뿌려 넘겨 든다.

3) 좌수수(左手垂) 좌족후진(左足後進): 왼발을 뒤에 디디며 왼손의 한삼을 늘어뜨려든다.

4) 족도(足蹈): 무릎을 구부렸다 폈다 한다.

진행도	느린굿거리 23장단 동작
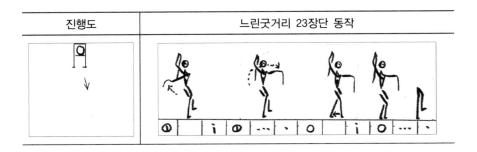	

1박에 왼발을 들며 왼손을 뒤쪽으로 끌어 올려 2박에 앞으로 뿌려 넘겨 3박에 왼발을 뒤에 디디며 왼손 한삼을 늘어뜨리고 4박에 무릎을 구부렸다 펴면서 오른발을 든다.

1) 좌수거(左手擧) 우족후진(右足後進)
   : 왼손을 들고 오른발을 뒤에 딛는다.

2) 족도(足蹈)
   : 무릎을 구부렸다 폈다 한다.

3) 좌수수(左手垂) 좌족후진(左足後進)
   : 왼손은 앞에서 한삼을 늘어뜨리고 왼발을 뒤에 딛는다.

4) 족도(足蹈)
   : 무릎을 구부렸다 폈다 한다.

진행도	느린굿거리 24장단 동작
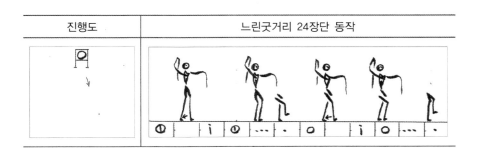	

오른손은 머리 위에 높이 들고 왼손은 앞에 든 동작 그대로 1박에 오른발 뒤에 딛고 2박에 무릎을 구부렸다 펴며 왼발을 들어 3박에 왼발 뒤에 딛고 4박에 무릎을 구부렸다 펴며 오른발을 든다.(2박1보 무퇴)

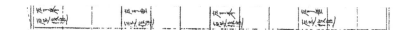

1) 좌수거(左手擧) 우족후진(右足後進): 왼손을 들고 오른발을 뒤에 딛는다.
2) 좌수수(左手垂) 좌족후진(左足後進): 왼손한삼을 늘어뜨리고 왼발을 뒤에 딛는다.
3) 좌수거(左手擧) 우족후진(右足後進): 왼손을 들고 오른발을 뒤에 딛는다.
4) 좌수수(左手垂) 좌족후진(左足後進): 왼손한삼을 늘어뜨리고 왼발을 뒤에 딛는다.
주(註) 느린굿거리 24장단 동작으로 1장단에 4보로 무퇴한다.

진행도	느린굿거리 25장단 동작
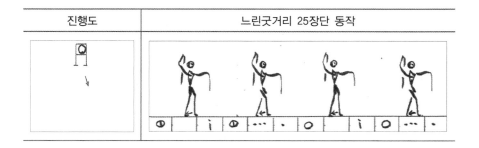	

오른손을 높이 들고 왼손을 앞에 든 동작 그대로 1박에 오른발을 뒤에 딛고 2박에 왼발을 뒤에 딛고 3박에 오른발을 뒤에 딛고 4박에 왼발을 뒤에 딛는다.(1장단에 4보 무퇴)

1) 좌수인상(左手引上) 좌족거(左足擧): 왼발을 들면서 왼손을 끌어 올린다.

2) 족도(足蹈): 무릎을 구부렸다 폈다 한다.

3) 양수불상(兩手拂上): 양손을 뒤에 뻗어 든다.

진행도	느린굿거리 26장단 동작
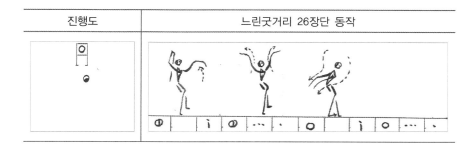	

1박에 왼발을 들며 왼손을 끌어 올리며 2박에 머리 위로 뿌려 내리며 3박에 왼발을 앞에 디디며 뒤로 뻗어 들고 4박에 어른다.

1) 양수인상(兩手引上) 우족거(右足擧): 오른발을 들며 양손을 뒤쪽으로 끌어올려 벌려 든다.

2) 족도(足蹈): 무릎을 구부렸다 폈다 한다.

3) 양수불상(兩手拂上): 양손을 뒤에 뻗어 든다.

진행도	느린굿거리 27장단 동작
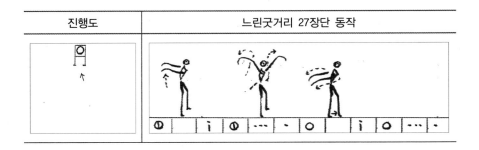	

1, 2박에 오른발을 들며 양손을 뒤쪽으로 끌어 오리며 2박에 머리 위로 벌려 뿌리며 내려 3박에 오른발을 앞에 디디며 양손을 뒤로 뻗어들고 4박에 어른다.

1) 양수인상(兩手引上) 좌족거(左足擧)
   : 왼발을 들면서 양손을 뒤쪽으로 끌어 올리며 벌려든다.

2) 족도(足蹈): 무릎을 구부렸다 폈다 한다.

3) 양수불상(兩手拂上): 양손을 뒤로 뻗어 든다.

진행도	느린굿거리 28장단 동작
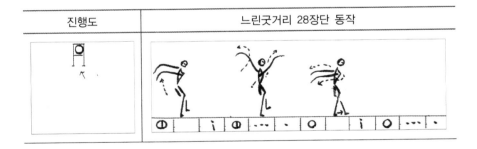	

1, 2박에 왼발을 들며 양손을 뒤쪽으로 끌어 올리며 2박에 머리 위로 벌려 뿌려 내리며 3박에 왼발을 앞에 디디며 양손을 뒤로 뻗어들고 4박에 어른다.

1) 우수전(右手前) 우족진(右足進) 좌수후(左手後) 평불(平拂)
   : 오른발을 들며 왼손은 뒤에 뻗어 든 그대로 오른손을 뒤쪽으로 끌어 올리며 오른발을 앞에 디디며 오른손을 어깨너머로 뿌려 넘기고 왼손은 뒤쪽에 평형으로 든다.
2) 우수좌견안(右手左肩按) 좌수후염(左手後斂)
   : 오른손은 왼쪽 어깨에 뿌려 얹고 왼손은 뒤에 여민다.
3) 롱견이족도(弄肩而足蹈)
   : 무릎을 구부렸다 폈다하며 어깨춤을 춘다.

진행도	느린굿거리 29장단 동작
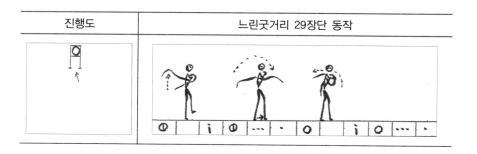	

1박에 오른발을 들며 오른손을 뒤쪽으로 끌어 올려 2박에 오른발을 앞에 디디며 앞으로 뿌려 3박에 왼쪽 어깨에 뿌려 얹고 왼손을 뒤로 내려 여민다. 4박에 어깨춤을 춘다.

1) 롱견이족도(弄肩而足蹈)(먹는다): 무릎을 구부였다 폈다하며 어깨춤을 춘다.

　※「먹는다」는 '어른다'로 즉, '어깨춤을 춘다'의 뜻이다.

진행도	느린굿거리 30장단 동작
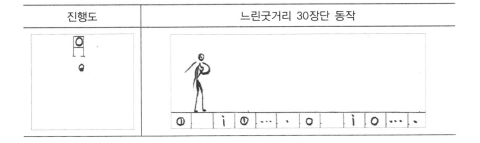	

왼손은 뒤로 여미고 오른손은 왼쪽 어깨에 얹는 동작으로 2박 1회로 어깨춤을 춘다.

1) 반복(反覆): 느린굿거리 30장단 동작 그대로 2박1회로 어깨춤을 춘다.

진행도	느린굿거리 31장단 동작
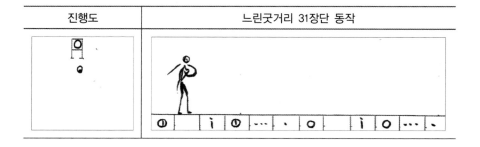	

왼손은 뒤로 여미고 오른손은 왼쪽 어깨에 얹는 동작으로 2박 1회로 어깨춤을 춘다.

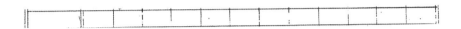

원문의 동작의 기록이 없고 빈 공간으로 둔 것은 느린굿거리 31장잔 동작을 1박 1회로 어르
는 동작으로 보여진다.

진행도	느린굿거리 32장단 동작
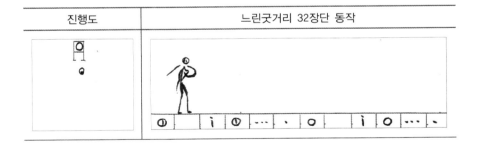	

느린굿거리 31장단 동작 그대로 1박 1회로 어깨춤을 춘다.

1) 좌수인상(左手引上) 우족거(右足擧): 오른발을 들며 왼손을 끄어 올린다.
2) 우반전(右半轉): 오른쪽을 90도 돌아 북을 향한다.
3) 족도(足蹈): 무릎을 구부렸다 폈다 한다.

진행도	느린굿거리 33장단 동작
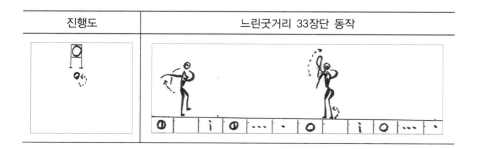	

1, 2박에 오른발을 들며 왼손을 뒤쪽으로 끌어 올려 3박에 머리 위에 뿌려 얹고 4박에 어깨춤을 춘다.

1) 양수불상(兩手拂上): 양손을 뒤로 뻗어든다.

2) 족도(足蹈): 무릎을 구부렸다 폈다 한다.

3) 양수불상(兩手拂上): 양손을 뒤쪽으로 벌려 들어 뿌리며 북을 향하여 왼손은 어깨에 메고 오른손을 앞에 든다.

진행도	느린굿거리 34장단 동작
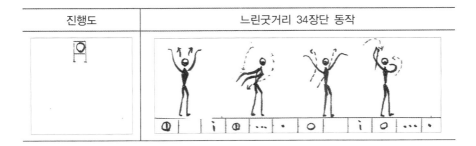	

   1박에 양손을 위로 뿌리며 벌려 2박에 뒤로 내려 뻗어 들고 3박에 뒤쪽으로 벌려 들어 뒤로 뿌려 왼손은 어깨 위에 뒤로 뿌려 넘기고 오른손은 가슴 앞에 든다.

6. 자진굿거리

1) 굿거리삭(굿거리數)
   : 삭(數)은 '빠르게'의 뜻으로 「굿거리삭」은 자진굿거리이다.

2) 우수타고(右手打鼓)
   : 오른손으로 북 중앙을 친다.

3) 좌반전(左半轉) 좌수전거상(左手前擧顙)
   : 좌(左)로 90도 돌아서며 왼손은 앞에서 눈썹 위 부분에 든다.

※ 거상(擧顙)은 눈썹 위 부분에 든다는 뜻이다.

진행도	자진굿거리 1장단 동작
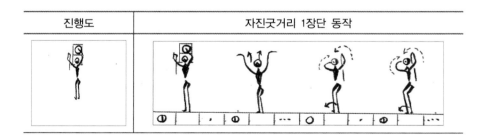	

1박에 오른손으로 북 중앙을 치고 2박에 양손 위로 뿌려 3, 4박에 좌(左)로 90도 돌아서며 왼손은 이마 앞에 들고 오른손은 어깨 위에 뿌려 얹는다.

1) 좌수타고(左手打鼓)
   : 왼손으로 북 중앙을 친다.
2) 우반전(右半轉) 우수전거상(右手前擧顙)
   : 우(右)로 90도 돌아서며 오른손은 눈썹 위부분에 든다.

진행도	자진굿거리 2장단 동작
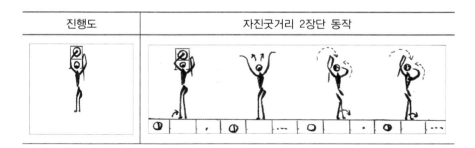	

    1박에 왼손으로 북 중앙을 치고 2박에 양손을 위로 뿌려 3, 4박에 우(右)로 90도 돌아서며 오른손은 이마 앞에 들고 왼손은 어깨 위에 뿌려든다.

1) 우수타고(左手打鼓): 오른손으로 북 중앙을 친다.
2) 좌반전(左半轉) 좌수전거상(左手前擧顙): 왼손은 이마 앞에 든다.

진행도	자진굿거리 3장단 동작
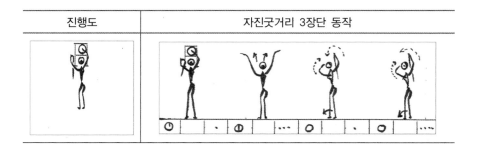	

　1박에 오른손으로 북 중앙을 치고 2박에 양손을 위로 뿌려 3, 4박에 좌(左)로 90도 돌아서며 왼손은 이마 앞에 들고 오른손은 어깨 위에 뿌려 얹는다.

1) 좌수타고(左手打鼓) 좌족거(左足擧)
   : 왼발을 들며 왼손을 북 중앙을 친다.

2) 우수타고(右手打鼓)
   : 오른손을 북 중앙을 친다.

3) 우수좌흉안(右手左胸按) 좌수롱(左手弄)
   : 오른손은 가슴 앞에서 손끝이 좌(左)로 향하게 들고 왼손은 안쪽으로 감아 뿌린다.

진행도	자진굿거리 4장단 동작
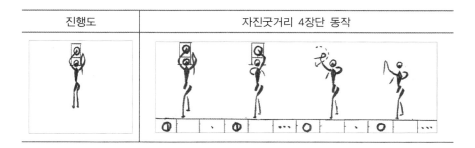	

1박에 왼발을 들며 왼손으로 북 중앙을 치고 2박에 왼손 가슴 앞에 내려 들며 오른손으로 북 중앙을 치고 3, 4박에 왼손은 미리위에서 안쪽을 감아 뿌리며 오른손은 가슴 앞에 든다.

1) 우수타고(右手打鼓) 우족거(右足擧)
   : 오른발을 들며 오른손을 북 중앙을 친다.

2) 우수타고(右手打鼓)
   : 오른손을 북 중앙을 친다.

3) 좌수우흉안(左手右胸按) 우수롱(右手弄): 왼손은 가슴 앞에서 손끝이 우(右)로 향하게 들고 오른손은 안쪽으로 감아 뿌린다.

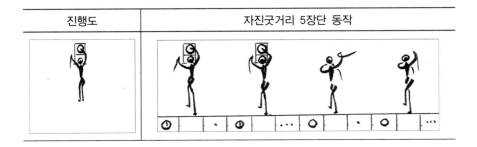

진행도	자진굿거리 5장단 동작

1박에 오른발을 들고 오른손으로 북 중앙을 치고 2박에 오른손으로 북 중앙을 치고 3, 4박에 왼손을 가슴 앞에서 손끝이 우(右)로 향하게 들고 오른손은 머리 위에서 안쪽으로 감아 뿌린다.

1) 양수타고(兩手打鼓):양손으로 북 중앙을 친다.

2) 롱수(弄手): 손을 놀린다.

3) 양수타고(兩手打鼓):양손으로 북 중앙을 친다.

4) 양수타편(兩手打鞭): 양손으로 북 위쪽의 변죽을 친다.

진행도	자진굿거리 6장단 동작
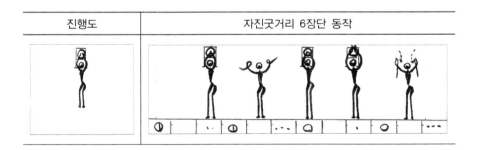	

1박에 양손으로 북 중앙을 치고 2박에 양손을 밖으로 돌려 뿌려 3박에 양손으로 북 중앙을 치고 북 위쪽 변죽을 치고 4박에 한삼을 뒤쪽에 뿌려 넘긴다.

7. 느린굿거리

느린굿거리 원문 1장단 분석

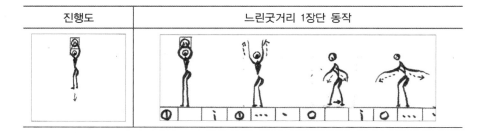

1) 굿거리만(慢)
   : 만(慢)은 음악을 느리게 연주하라는 뜻으로 굿거리 반주곡을 느리게 연주하라는 뜻이다.
2) 양수타고(兩手打鼓)
   : 양손으로 북 중앙을 친다.
3) 우수발(右手拔) 역수(亦手) 우족퇴(右族退)
   : 발(拔)을 '뺀다, 뽑는다'의 뜻이다.

   역수(亦手)
   : 역시 그렇게 한다의 뜻이다. 그러므로 오른발을 뒤에 딛고 오른손은 앞에 왼손은 뒤에 뿌리는 동작이다.

진행도	느린굿거리 1장단 동작
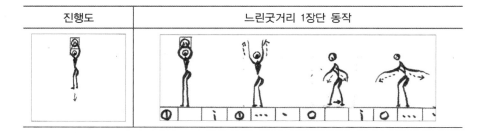	

1박에 양손으로 북 중앙을 치고 2박에 양손을 앞으로 뿌려 내리며 오른발을 뒤에 디디며 오른손 앞, 왼손 뒤에 벌려 4박에 무릎을 구부리며 양손을 앞, 뒤에 뿌려 뻗어든다.

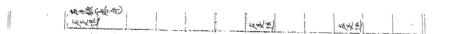

1) 양수발(兩手拔) 역수(亦手) 좌족퇴(左足退)
   : 왼발을 뒤에 딛고 오른손은 앞, 왼손은 뒤에 뿌려 든다.

2) 좌족퇴(左足退): 왼발을 뒤에 딛는다.

3) 우족퇴(右足退): 오른발을 뒤에 딛는다.

4) 좌족퇴(左足退): 왼발을 뒤에 딛는다.

진행도	느린굿거리 2장단 동작
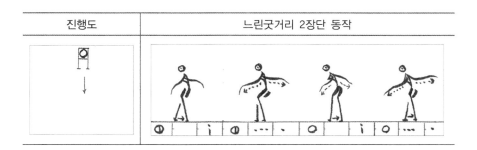	

1박에 왼발을 뒤에 디디며 오른손 앞, 왼손 뒤로 벌려 2박에 무릎을 구부리며 양손을 앞, 뒤에 뿌려 뻗고 3박에 오른발을 뒤로 디디며 왼손 앞, 오른손 뒤로 벌려 4박에 왼발을 뒤로 디디며 양손을 앞, 뒤에 뿌려 뻗는다.

1) 개수이퇴(開手而退) 일각이보(一刻二步)

: 개수(開手)는 '양손을 어깨선에 펴든다'의 뜻이고 일각이보(一刻二步)는 '1장단에 2보 뒤로 간다'는 뜻이다. 그러므로 양손을 어깨선에 펴들고 1장단에 2보 무퇴한다.

진행도	느린굿거리 3장단 동작
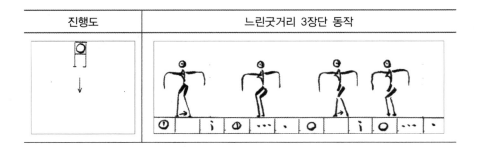	

1박에 양손을 어깨선에 펴들고 오른발 뒤에 딛고 2박에 무릎을 구부리고 3박에 왼발 뒤에 딛고 4박에 무릎을 구부린다.(2박1보 무퇴)

1) 개수이퇴(開手而退) 일각사보(一刻四步): 양손을 펴들고 1장단에 4보 무퇴한다.

진행도	느린굿거리 4장단 동작
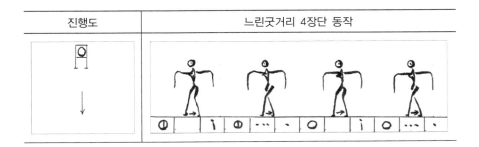	

양손을 펴들고 1박에 오른발을 뒤에 딛고 2박에 왼발을 뒤에 딛고 3박에 오른발을 뒤에 딛고 4박에 왼발을 뒤에 딛는다.(1박1보 무퇴)

1) 우수평거(右手平擧) 좌수우흉안(左手右胸按) 이우족진(而右足進)
   : 오른발을 앞에 디디며 오른손은 어깨선에 펴들고 왼손은 가슴 앞에서 손끝이 오른쪽을
   향하게 오른쪽 어깨에 뿌려 얹는다.

2) 우수롱(右手弄): 어깨춤 춘다.(오른쪽 어깨를 들었다 내린다.)

진행도	느린굿거리 5장단 동작
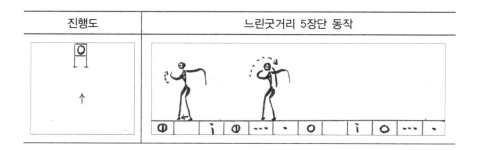	

1박에 오른발 앞에 디디며 2박까지 왼손을 오른쪽 어깨에 뿌려 얹고 3, 4박에 어깨춤을
춘다.(오른쪽 어깨를 들었다 내린다.)

느린굿거리 원문 6장단 분석

1) 좌수평거(左手平擧) 우수좌흉안(右手左胸按) 이좌족진(而左足進)
   : 왼발을 앞에 디디며 왼손은 뿌려 어깨선에 들고 오른손은 손끝이 왼쪽을 향하게 왼쪽 어깨에 뿌려 얹는다.

2) 좌수롱(左手弄): 어깨춤 춘다.(왼쪽 어깨를 들었다 내린다.)

진행도	느린굿거리 6장단 동작
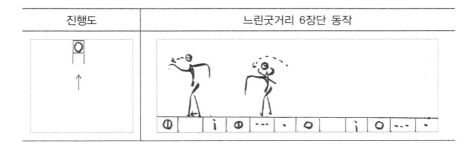	

1박에 왼발 앞에 디디며 왼손을 뿌려 2박까지 어깨선에 들고 오른손을 앞쪽으로 뿌려 왼쪽 어깨에 얹고 3, 4박에 어깨춤을 춘다.(왼쪽 어깨를 들었다 내린다.)

1) 반복(反覆): 느린굿거리 5, 6장단 동작을 반복한다.

진행도	느린굿거리 7장단 동작
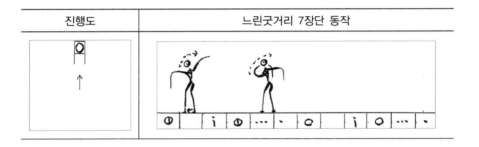	

　　1박에 오른발 앞에 디디며 오른손을 앞으로 뿌려 2박까지 어깨에 펴들어 왼손은 2박에 앞으로 뿌려 오른쪽 어깨에 얹고 3, 4박에 어깨춤을 춘다.

진행도	느린굿거리 8장단 동작
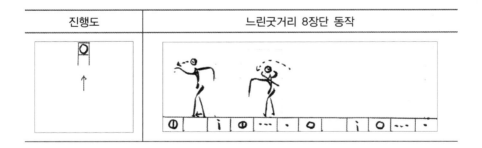	

　　1박에 왼발 앞에 디디며 왼손을 앞으로 뿌려 2박까지 어깨선에 펴들며 오른손을 2박에 앞으로 뿌려 왼쪽 어깨에 얹고 3, 4박에 어깨춤을 춘다.

1) 우수인상(右手引上) 우족거(右足擧)
   : 오른발을 들며 오른손을 뒤로 끌어 올린다.

2) 좌반전(左半轉)
   : 왼쪽으로 90도 돌아선다.

3) 우수견빈(右手肩貧) 좌수궁형전(左手弓形前)
   : 오른손은 어깨 위로 뿌려 넘겨 높이 들고 왼손은 가슴 앞에 궁형(弓形)으로 든다.

진행도	느린굿거리 9장단 동작
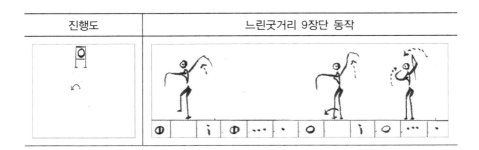	

1박에 오른발을 들며 오른손을 2, 3박까지 끌어 올려 3박에 오른발을 디디며 좌(左)로 90도 돌아서며 4박에 오른손은 어깨 위에 뿌려 얹고 왼손은 앞으로 궁형(弓形)으로 든다.

1) 양수불상(兩手拂上): 양손을 위에서 뒤쪽으로 뿌려 내린다.

2) 족도(족도): 무릎을 구부렸다 폈다 한다.

3) 양수불상(兩手拂上): 양손을 뒤로 뻗어든다.

진행도	느린굿거리 10장단 동작
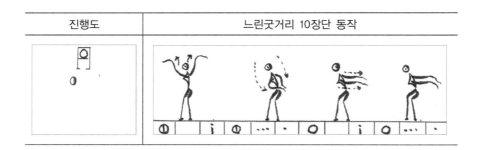	

1박에 양손을 뒤쪽으로 뿌려 2박까지 뒤로 내리며 무릎을 구부리고 3박에 무릎을 펴며 양손을 뒤쪽으로 들어 올리고 4박에 무릎을 구부린다.

1) 우수퇴이좌수퇴타(右手槌以左手槌打) 우족진(右足進)
   : 오른발을 앞에 디디며 오른손 북채로 왼손 북채를 친다.
2) 좌수퇴이우수퇴타(左手槌以右手槌打) 좌족진(左足進)
   : 왼발을 앞에 디디며 왼손 북채로 오른손 북채를 친다.

진행도	느린굿거리 11장단 동작
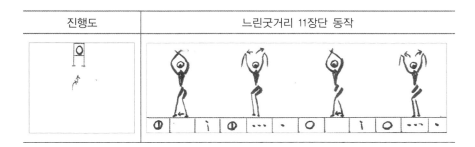	

1박에 오른발을 북을 향하여 디디며 오른손의 북채로 왼손의 북채를 치고 2박에 양손을 약간 벌려 들며 무릎을 구부리고 3박에 왼발을 앞에 디디며 왼손의 북채로 오른손의 북채를 치고 4박에 양손을 약간 벌려 들며 무릎을 구부린다.

1) 반복(反覆): 느린굿거리 11장단 동작을 반복한다.(생략해도 된다.)

진행도	느린굿거리 12장단 동작
	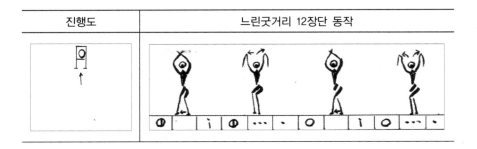

　　1박에 오른발을 북을 향하여 디디며 오른손의 북채로 왼손의 북채를 치고 2박에 양손을 약간 벌려 들며 무릎을 구부리고 3박에 왼발을 앞에 디디며 왼손의 북채로 오른손의 북채를 치고 4박에 양손을 약간 벌려 들며 무릎을 구부린다.

1) 우퇴이좌퇴타(右槌以左槌打) 우족진(右足進)
   : 오른발을 앞에 디디며 오른손 북채로 왼손 북채를 친다.

2) 좌퇴이우퇴타(左槌以右槌打) 좌족진(左足進)
   : 왼발을 앞에 디디며 왼손 북채로 오른손 북채를 친다.

3) 반복(反覆): (1)(2)의 동작을 반복한다.

진행도	느린굿거리 13장단 동작
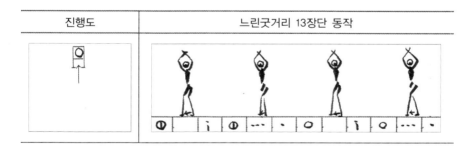	

1박에 오른발 앞에 디디며 오른손의 북채로 왼손의 북채를 치고 2박에 왼발을 앞에 디디며 왼손의 북채로 오른손의 북채를 치고 3박에 오른발을 앞에 디디며 오른손의 북채로 왼손의 북채를 치고 4박에 왼발을 앞에 디디며 왼손의 북채로 오른손의 북채를 친다.(북을 향해 1박 1보로 무진한다.)

8. 자진굿거리

1) 굿거리삭(數): 삭(數)은 굿거리를 빠르게 하라는 뜻이다. 그러므로 자진굿거리다.

2) 우수타고이배고(右手打鼓而背鼓): 오른손으로 북을 치고 돌아서 북을 등진다.

   ※ 배고(背鼓)는 북을 등진다는 뜻이다.

3) 고(鼓)／향(向) : 향(向)자가 거꾸로 한 것은 북을 등진다는 뜻이다.

4) 좌수타고(左手打鼓): 왼손으로 북을 친다.

진행도	자진굿거리 1장단 동작
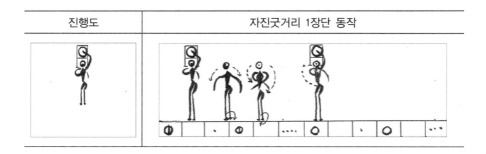	

1박에 오른손으로 북 중앙을 치고 양손을 약간 벌려 2박에 우(右)로 180도 돌아 북을 등지고 3박에 왼손으로 북을 치고 오른손은 앞에 든다.

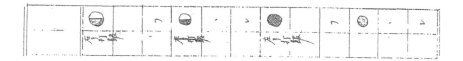

1) 우수타고(右手打鼓): 북을 등지고 오른손으로 북 중앙을 친다.
2) 좌수타고(左手打鼓): 북을 등지고 왼손으로 북을 친다.

진행도	자진굿거리 2장단 동작
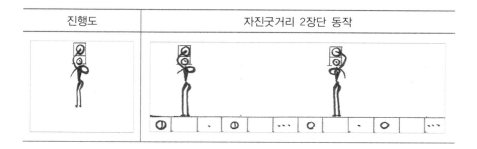	

　　북을 등지고 1박에 오른손으로 북을 치고 2박까지 왼손은 가슴 앞에 들고 3박에 왼손으로 북을 치고 4박까지 오른손은 가슴 앞에 든다.

1) 우수타고(右手打鼓): 오른손으로 북을 친다.

2) 좌수타고(左手打鼓): 왼손으로 북을 친다.

3) 우수타고(右手打鼓): 오른손으로 북을 친다.

4) 좌수타고(左手打鼓): 왼손으로 북을 친다.

5) 우수타고(右手打鼓): 오른손으로 북을 친다.

진행도	자진굿거리 3장단 동작
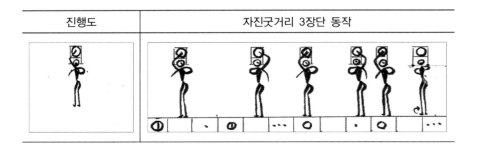	

　북을 등지고 1박에 오른손으로 북 중앙을 치고 2박에 왼손으로 북 중앙을 치고 3박에 오른손, 왼손으로 북을 치고 4박에 왼손으로 북을 치고 북을 향해 돌아선다.

9. 복고(자진굿거리)

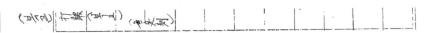

1) (복고) 타고(打鼓): 복고는 북을 치는 것이다.
2) 무정각(無定刻): 장단수는 일정하지 않는다. 즉, 길게 칠 수도 있고 짧게 칠 수도 있다.

복고 원문 1장단 분석

1) 삼정위박(三井爲拍): 3정간을 한 박자로 한다.

2) 우(右)
　좌(左) : 우(右)는 오른손으로 북을 치고 좌(左)는 왼손으로 북을 친다.

3) ♩우(右)
　♪좌(左) : 1박에 오른손 왼손으로 「더-덩」 2박에 왼손, 오른손 「더-덩」 3박에 오른손 왼손
　　　　　오른손으로 「더-덩덩」 4박에 왼손 오른손 왼손으로 「덩 딱(각)덩」 친다.

　※(채)는 북 변죽을 치는 것이다.

진행도	법고 1장단 동작
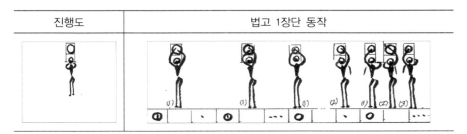	

1박에 (1)오른손은 북 중앙 (2)왼손은 북 위쪽을 「더-덩」 치고, 2박에 (1)왼손은 북 중앙 (2)오른손은 북 위쪽을 「더-덩」 치고, 3박에 오른손은 북 중앙 왼손은 북 위쪽을 「더-덩」 오른 손으로 북 중앙을 「덩」 치고, 4박에 (1)왼손으로 북 중앙 (2)오른손으로 북 변죽 (3)오른손으로 북 중앙을 「덩 딱덩」 친다.

    1박에 오른손으로 북 중앙 변죽을 치고 2박에 왼손은 북 중앙 오른손은 북 변죽 왼손으로 북 중앙을 치고 3박에 오른손으로 북 중앙을 「덩-떡」치고 4박에 왼손으로 북 중앙 오른손으로 북 변죽 왼손으로 북 중앙을 친다.

진행도	법고 2장단 동작
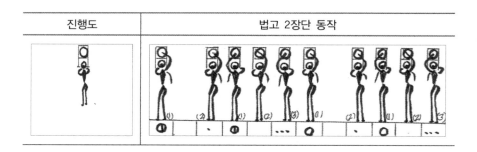	

    1박에 오른손으로 북 중앙을 「덩-덩」 2박에 (1)왼손으로 북 중앙 (2)오른손으로 북 변죽 (3)왼손으로 북 중앙을 「덩따덩」 치고 3박에 오른손으로 북 중앙을 「덩-덩」 치고 4박에 (1)왼손으로 북 중앙 (2)오른손으로 북 변죽 (3)왼손으로 북 중앙을 「덩따덩」 친다.

　　1박에 오른손으로 북 중앙을 「덩–덩」 2박에 왼손으로 북 중앙 오른손으로 북 변죽 왼손으로
북 중앙으로 「덩딱덩」 치고 3박에 오른손으로 북 중앙을 「덩–덩」 치고 4박에 왼손으로 북
중앙 오른손으로 북 변죽 왼손으로 북 중앙을 「덩딱덩」 친다.

진행도	법고 3장단 동작
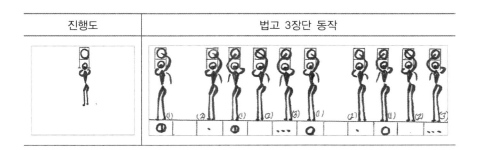	

　　1박에 오른손으로 북 중앙을 (1)(2)「덩–덩」 2박에 (1)왼손으로 북 중앙 (2)오른손으로 북
변죽 (3)왼손으로 북 중앙을 「덩딱덩」 치고 3박에 (1)(2)오른손으로 북 중앙을 「덩–덩」 치고
4박에 (1)왼손으로 북 중앙 (2)오른손으로 북 변죽 (3)왼손으로 북 중앙을 「덩딱덩」 친다.

　1박에 오른손, 왼손, 오른손으로 북 중앙을 치고 2박에 왼손, 오른손, 왼손으로 북 중앙을 치고 3박에 오른손, 왼손으로 북 중앙 오른손으로 북 변죽을 치고 4박에 왼손으로 북 중앙을 오른손으로 북 변죽을 왼손으로 북 중앙을 친다.

진행도	법고 4장단 동작
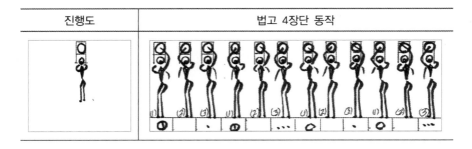	

　1박에 (1)오른손 (2)왼손 (3)오른손은 북 중앙을 「덩덩덩」 치고 2박에 (1)왼손 (2)오른손 (3)왼손은 북 중앙을 「덩덩덩」 치고 3박에 (1)오른손 (2)왼손은 북 중앙 들 치고(3)오른손으로 북 변죽을 친다. 4박에 (1)왼손으로 북 중앙 (2)오른손으로 북 변죽 (3)왼손으로 북 중앙을 친다.

1) 반복(反覆): 법고 4장단을 반복한다.

진행도	법고 5장단 동작
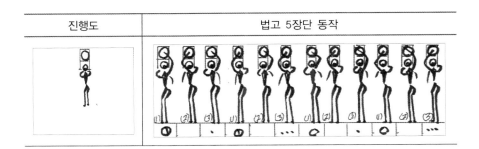	

1박에 (1)오른손 (2)왼손 (3)오른손은 북 중앙을 「덩덩덩」 치고 2박에 (1)왼손 (2)오른손 (3)왼손은 북 중앙을 「덩덩덩」 치고 3박에 (1)오른손 (2)왼손은 북 중앙을 치고 (3)오른손으로 북 변죽을 친다. 4박에 (1)왼손으로 북 중앙 (2)오른손으로 북 변죽 (3)왼손으로 북 중앙을 친다.

1박에 오른손, 왼손으로 북 중앙을 오른손으로 북 변죽을 치고 2박에 왼손으로 북 중앙 오른손으로 북 변죽 왼손으로 북 중앙을 친다. 3박은 1박과 같고 4박은 2박과 같다.

진행도	법고 6장단 동작
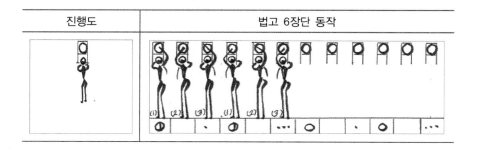	

1박에 (1)오른손 (2)왼손은 북 중앙을 (3)오른손으로 북 변죽을 「덩덩딱」치고 2박에 (1)왼손으로 북 중앙 (2)오른손으로 북 변죽 (3)왼손으로 북 중앙을 「덩딱덩」친다. 3박은 1박, 4박은 2박을 반복한다.

1박에 오른손, 왼손, 오른손으로 북 중앙을 치고 2박에 왼손, 오른손, 왼손으로 북 중앙을 치고 3박에 오른손, 왼손은 북 중앙 오른손으로 북 변죽을 치고 4박에 왼손으로 북 변죽 오른손으로 북 변죽을 왼손으로 북 변죽을 친다.

진행도	법고 7장단 동작
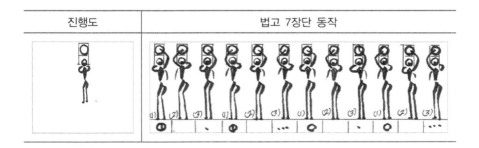	

1박에 (1)오른손 (2)왼손 (3)오른손으로 북 중앙을 「덩덩덩」 치고 2박에 (1)왼손 (2)오른손 (3)왼손으로 북 중앙을 「덩덩덩」 치고 3박에 (1)오른손 (2)왼손은 북 중앙 (3)오른손으로 북 변죽을 「덩덩딱」 치고 4박에 (1)왼손 (2)오른손 (3)왼손으로 북 변죽을 「딱딱딱」 친다.

1) 반복(反覆): 법고 7장단을 반복한다.

진행도	법고 8장단 동작
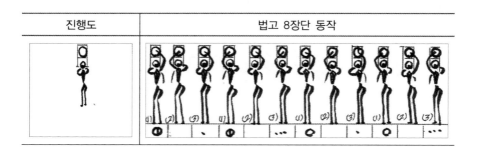	

　　1박에 (1)오른손 (2)왼손 (3)오른손으로 북 중앙을 「덩덩덩」 치고 2박에 (1)왼손 (2)오른손 (3)왼손으로 북 중앙을 「덩덩덩」 치고 3박에 (1)오른손 (2)왼손으로 북 중앙 (3)오른손으로 북 변죽을 「덩덩딱」 치고 4박에 (1)왼손 (2)오른손 (3)왼손으로 북 변죽을 「딱딱딱」 친다.

　1박에 오른손 왼손은 북 중앙을 오른손은 북 변죽을 치고 2박에 왼손으로 북 변죽을 오른손으로 북 변죽 위를 왼손으로 북 변죽 위쪽을 친다. 3, 4박은 1, 2박을 반복한다.

진행도	법고 9장단 동작
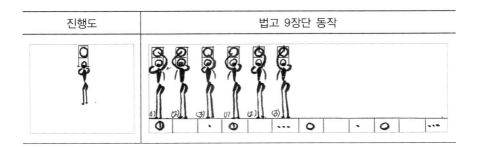	

　1박에 (1)오른손으로 북 중앙을 (2)왼손으로 북 중앙을 (3)오른손으로 북 변죽을 「덩덩딱」 치고 2박에 (1)왼손으로 북 변죽을 (2)오른손으로 북 변죽 위쪽을 (3)왼손으로 북 변죽 위쪽을 「딱딱딱」 친다. 3, 4박은 1, 2박을 반복한다.

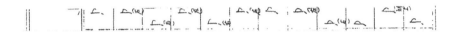

　1박에 오른손으로 북 중앙을 오른손으로 북 왼쪽을, 왼손으로 북 오른쪽을 치고 2박에 오른손으로 북 왼쪽을 왼손으로 북 오른쪽을 오른손으로 북 왼쪽을 치고 3박에 오른손으로 북 중앙을 치고 북 왼쪽을 치고 왼손으로 북 오른쪽을 친다. 4박에 왼손으로 북 중앙을 오른손으로 북 변죽 위쪽을 왼손으로 북 중앙을 친다.

진행도	법고 10장단 동작
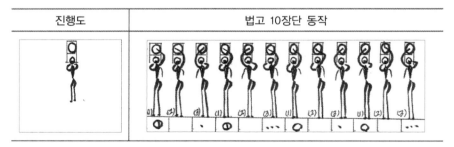	

　1박에 (1)오른손으로 북 중앙을 (2)오른손으로 북 왼쪽을 (3)왼손으로 북 오른쪽을 「덩덩덩」 치고 2박에 (1)오른손으로 북 왼쪽을 (2)왼손으로 북 오른쪽을 (3)오른손으로 북 왼쪽을 「덩덩덩」 치고 3박에 (1)오른손으로 북 중앙과 (2)왼쪽을 (3)왼손으로 북 오른쪽을 「덩덩덩」 치고 4박에 (1)왼손을 북 중앙을 (2)오른손으로 북 변죽 위를 (3)왼손으로 북 중앙을 「덩딱덩」 친다.

1) 반복(反覆): 법고 10장단을 반복한다.

진행도	법고 11장단 동작
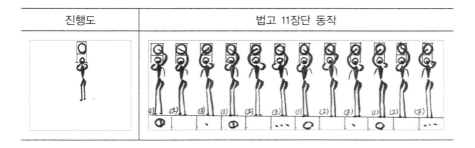	

1박에 (1)오른손으로 북 중앙을 (2)오른손으로 북 왼쪽을 (3)왼손으로 북 오른쪽을 「덩덩덩」
치고 2박에 (1)오른손으로 북 왼쪽을 (2)왼손으로 북 오른쪽을 (3)오른손으로 북 왼쪽을 「덩덩
덩」 치고 3박에 (1)오른손으로 북 중앙과 (2)왼쪽을 (3)왼손으로 북 오른쪽을 「덩덩덩」 치고
4박에 (1)왼손을 북 중앙을 (2)오른손으로 북 변죽 위를 (3)왼손으로 북 중앙을 「덩딱덩」 친다.

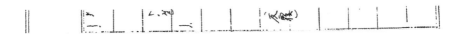

　1박에 왼손, 오른손으로 북 중앙과 북 변죽 위쪽을 치고 2박에 왼손으로 북 중앙을 친다.
3, 4박은 1, 2박을 반복한다.

진행도	법고 12장단 동작
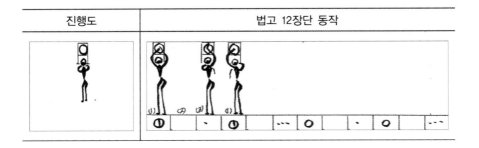	

　1박에 (1)왼손, 오른손으로 북 중앙을 (2)오른손은 북 채변 위쪽을 「더덩-딱」 치고 2박에
(1)왼손으로 북 중앙을 「덩-」 친다. 3, 4박은 1, 2박을 반복한다.

1박에 왼손, 오른손으로 북 중앙을 치고 2박에 왼손, 오른손으로 북 중앙을 치고 3박에 왼손, 오른손은 북 중앙과 북 변죽 위쪽을 치고 4박에 왼손으로 북 중앙을 친다.

진행도	법고 13장단 동작
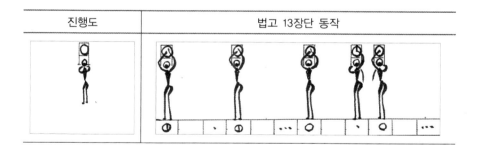	

1박에 왼손, 오른손으로 북 중앙을 「더덩-」 치고 2박에 왼손, 오른손으로 북 중앙을 「더덩-」 치고 3박에 왼손, 오른손은 북 중앙과 북 변죽 위쪽을 「더덩-딱」 치고 4박에 왼손으로 북 중앙을 「덩-」 친다.

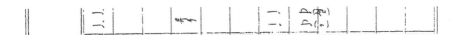

1박에 양손으로 북 중앙을 치고 2박의 롱수(挵手)는 손을 놀린다는 뜻으로 양손의 한삼을 뒤쪽으로 뿌려 넘겼다가 3박에 양손으로 북 중앙을 치고 북 변죽 위쪽을 치고 4박에 북을 치지 않는다.

진행도	법고 14장단 동작
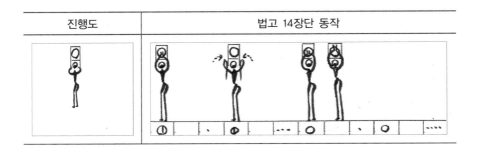	

1박에 양손으로 북 중앙을 「덩-」 치고 2박의 양손의 한삼을 뿌려 뒤로 넘기고 3박에 양손으로 북 중앙과 북 변죽 위쪽을 「덩딱-」 친다. 4박에 북을 치지 않는다.

1) 이혈차보첨(二頁次輔添)

   : 이혈(二頁)은 두부(頭部)이다. 두부는 '머리 부분'이라는 뜻이다. 보첨(輔添)은 보(輔)는 '조력한다. 보좌한다.'의 뜻이고 첨(添)은 '더한다. 보태다.'의 뜻이다. 그러므로 법고가 끝낸 다음 머리 부분에 2장단을 더 보탠다는 뜻이다.

2) 우수타고(右手打鼓): 오른손으로 북을 친다.

3) 좌수타고(左手打鼓): 왼손으로 북을 친다.

4) 양수불(兩手拂) 좌족소거(左足小擧) 고(鼓)향(向)

   : 양손을 위로 내리고 왼발을 약간 들며 북의 우(右)로 90도 돌아선다.

   ※ 고(鼓)향(向) 은 법고의 오른쪽을 향한다는 뜻이다.

진행도	법고 15장단 동작
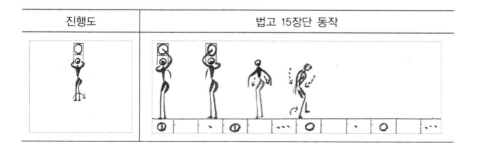	

1박에 오른손, 왼손으로 북 중앙을 「덩-덩」 치고 2박에 양손을 약간 벌려 3, 4박에 왼발을 약간 들며 좌(左)로 90도 돌며 양손을 뒤로 여민다.

1) 좌수타고(左手打鼓): 왼손으로 북을 친다.

2) 우수타고(右手打鼓): 오른손으로 북을 친다.

3) 양수불(兩手拂) 우족소거(右足小擧) $\dfrac{고(鼓)}{향(向)}$: 오른발을 약간 들며 양손을 뒤로 내리며 북의 좌(左)로 90도 돌아선다.

진행도	법고 16장단 동작
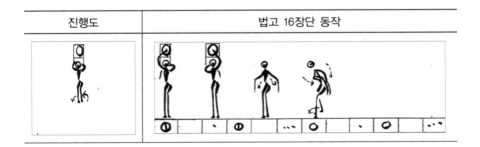	

1박에 왼손, 오른손으로 북 중앙을 「덩-덩」치고 2박에 양손을 약간 벌려 3, 4박에 오른발을 약간 들며 우(右)로 90도 돌며 양손을 뒤로 여민다.

10. 느린굿거리

느린굿거리 원문 1장단 분석

1) 굿거리만(慢)
   : 만(慢)은 음악을 '느리게 연주하라'는 뜻으로 굿거리 반주곡을 느리게 연주하라는 뜻이다.
2) 양수타고(兩手打鼓): 양손으로 북 중앙을 친다.
3) 좌반전(左半轉) 배고(背鼓): 좌(左)로 180도 돌아 북을 등진다.

   ※ 배고(背鼓)는 북을 등진다는 뜻이다.
4) 양수불상(兩手拂上): 양손을 뒤로 뻗어든다.

진행도	느린굿거리 1장단 동작
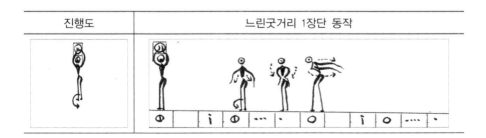	

1박에 양손으로 북 중앙을 「덩-」 치고 2박에 양손을 벌리며 좌(左)로 180도 돌아서며 양손을 내려 3, 4박에 양손을 뒤로 뻗어든다.

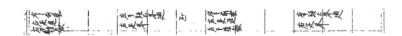

1) 우수전수(右手前垂) 우족진(右足進) 좌수후염(左手後斂)
   : 오른발을 앞에 디디며 오른손은 앞에 들고 한삼을 늘어뜨리고 왼손은 뒤로 여민다.

2) 좌수두상거회(左手頭上擧廻) 좌족거(左足擧)
   : 왼발을 들며 왼손을 머리 위에서 돌려 좌(左)로 90도 돌아선다.

3) 향(向)좌(左)로 돌아 우(右)로 향한다.

4) 좌수전수(左手前垂) 좌족진(左足進) 우수후염(右手後斂)
   : 왼발을 앞에 디디며 왼손을 앞에 들고 한삼은 늘어뜨리고 오른손은 뒤로 여민다.

5) 우수두상거회(右手頭上擧廻) 우족거(右足擧)
   : 오른발을 들며 오른손을 머리 위에서 돌린다.

진행도	느린굿거리 2장단 동작
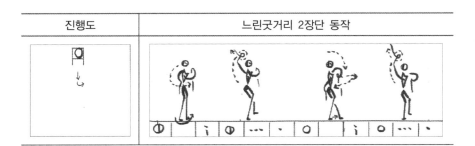	

1박에 오른발을 앞에 딛고 오른손을 앞으로 뿌려 좌(左)로 90도 돌며 오른손을 가슴 앞에 둥글게 들고 한삼을 늘어뜨리고 2박에 왼발을 들며 왼손을 머리 위로 들어 돌려 뿌리고 3박에 왼발 앞에 디디며 왼손은 가슴 앞에 내려 둥글게 들고 한삼을 늘어뜨리며 오른손은 앞으로 뿌려 뒤로 여민다. 4박에 오른발을 들며 오른손을 머리 위로 들어 돌려 뿌린다.

1) 우각반대(右刻反對) 반복(反覆)

: 우각(右刻)은 오른쪽을 향한 장단을 말하는 것으로 느린굿거리 2장단을 반복하라는 뜻이다.

진행도	느린굿거리 3장단 동작
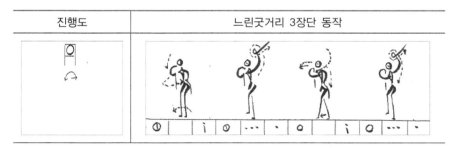	

1박에 오른발을 앞에 딛고 오른손을 앞으로 뿌려 좌(左)로 180도 돌며 오른손을 가슴 앞에 둥글게 들고 한삼을 늘어뜨리고 왼손은 앞으로 뿌려 뒤로 여미고 2박에 왼발을 들며 왼손을 머리 위로 들어 돌려 뿌리고 3박에 왼발 앞에 디디며 왼손은 가슴 앞에 내려 둥글게 들고 한삼을 늘어뜨리며 오른손은 앞으로 뿌려 뒤로 여민다. 4박에 오른발을 들며 오른손을 머리 위로 들어 돌려 뿌린다.

1) 반복(反覆): 느린굿거리 2, 3장단을 반복한다.

진행도	느린굿거리 4장단 동작
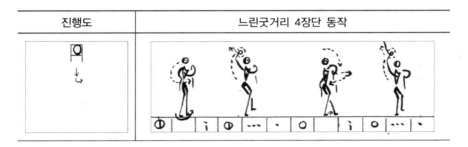	

　　1박에 오른발을 앞에 딛고 오른손을 앞으로 뿌려 좌(左)로 180도 돌며 오른손을 가슴 앞에 둥글게 들고 한삼을 늘어뜨리고 2박에 왼발을 들며 왼손을 머리 위로 들어 돌려 뿌리고 3박에 왼발 앞에 디디며 왼손은 가슴 앞에 내려 둥글게 들고 한삼을 늘어뜨리며 오른손은 앞으로 뿌려 뒤로 여민다. 4박에 오른발을 들며 오른손을 머리 위로 들어 돌려 뿌린다.

진행도	느린굿거리 5장단 동작
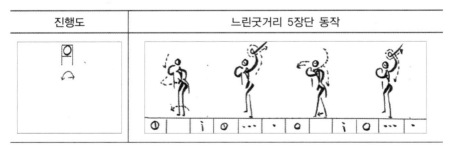	

　　1박에 오른발을 앞에 딛고 오른손을 앞으로 뿌려 좌(左)로 180도 돌며 오른손을 가슴 앞에 둥글게 들고 한삼을 늘어뜨리고 왼손은 앞으로 뿌려 뒤로 여미고 2박에 왼발을 들며 왼손을 머리 위로 들어 돌려 뿌리고 3박에 왼발 앞에 디디며 왼손은 가슴 앞에 내려 둥글게 들고 한삼을 늘어뜨리며 오른손은 앞으로 뿌려 뒤로 여민다. 4박에 오른발을 들며 오른손을 머리 위로 들어 돌려 뿌린다.

1) 양수불상(兩手拂上): 양손을 뒤로 뻗어든다.

2) 족도(足蹈): 무릎을 구부렸다 폈다 한다.

3) 양수불(兩手拂): 양손을 뒤로 내린다.

진행도	느린굿거리 6장단 동작
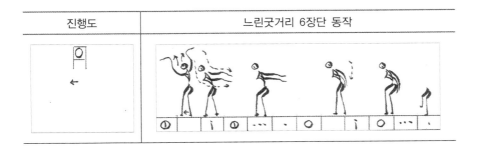	

1박에 오른발을 앞에 디디며 양손을 위로 뿌려 2박까지 뒤로 뻗어들며 무릎을 구부리고 3박에 무릎을 펴며 양손을 뒤로 내리고 4박에 무릎을 구부렸다 펴며 오른발을 든다.

1) 우수전수(右手前垂) 우족진(右足進) 부복(俯伏)
   : 오른발을 앞에 디디며 오른손을 뿌려 앞에 둥글게 들며 몸을 앞으로 숙인다.

2) 좌전(左轉): 좌(左)로 180도 돌아선다.

3) 좌수불상(左手拂上) 평신(平身): 몸을 바로 서며 왼손을 뒤에서 들어 올린다.

진행도	느린굿거리 7장단 동작
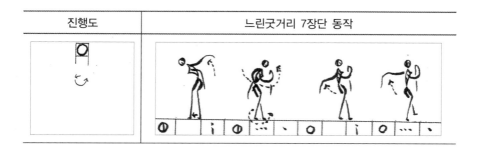	

1박에 오른발을 앞에 디디며 오른손을 뒤에서 들어 2박까지 180도 돌아서며 오른손은 뿌려 앞에 둥글게 들고 3, 4박에 몸을 바로 하며 왼손을 뒤에서 들어 올리며 왼발을 든다.

1) 반복(反覆): 느린굿거리 7장단 동작을 반복한다.

진행도	느린굿거리 8장단 동작
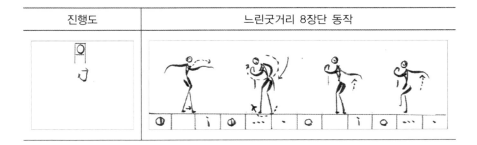	

1박에 왼발을 앞에 디디며 오른손을 앞으로 뿌려 2박까지 우(右)로 180도 돌아서며 왼손을 뿌려 앞에 둥글게 들며 오른손은 뒤로 내리고 3, 4박에 몸을 바로 하며 오른손을 뒤에서 들어 올리며 오른발을 든다.

1) 좌수전수(左手前垂) 좌족진(左足進) 부복(俯伏)
: 왼발을 앞에 디디며 왼손을 가슴 앞에 둥글게 들고 한삼을 늘어뜨리고 몸을 앞으로 숙인다.

2) 우전(右轉): 오른쪽으로 돈다.

3) 우수불상(右手拂上) 평신(平身): 몸을 바로 서며 오른손을 뒤로 뻗어든다.

진행도	느린굿거리 9장단 동작
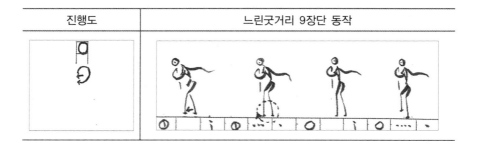	

느린굿거리 8장단 4박 동작 상태에서 1박에 왼발을 앞에 디디며 몸을 앞으로 숙이며 2박까지 우(右)로 360도 돌아 3박에 몸을 바로 하고 4박에 오른발을 든다.

1) 반복(反覆): 느린굿거리 7장단 동작을 반복한다.

진행도	느린굿거리 10장단 동작
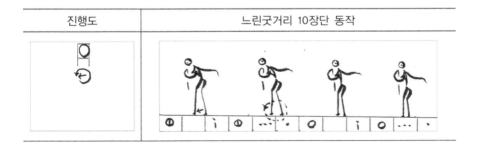	

느린굿거리 9장단 4박 동작 상태에서 1박에 오른발을 앞에 디디며 몸을 앞으로 숙이며 2박까지 좌(左)로 360도 돌아 3, 4박까지 몸을 바로 한다.

1) 양수불상(兩手拂上): 양손을 뒤로 뻗어든다.
2) 족도(足蹈): 무릎을 구부렸다 폈다 한다.

진행도	느린굿거리 11장단 동작
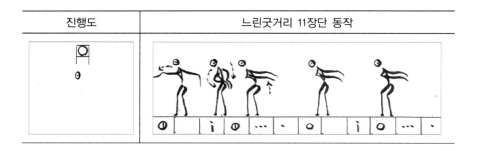	

1박에 왼손을 앞으로 뿌리며 양손을 뒤로 내려 2박까지 뒤로 뻗어들며 무릎을 구부리고
3박에 무릎을 펴고 4박에 무릎을 구부린다.

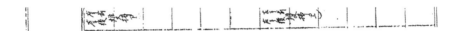

1) 우수전(右手前) 좌수후(左手後) 쌍불(雙拂)
   : 오른손은 앞, 왼손은 뒤로 들었다가 양손을 뒤로 내린다.

   ※ 쌍불(雙拂)은 양손을 뒤로 내리는 정재(정재)의 술어이다.

2) 좌수전(左手前) 우수후(右手後) 쌍불(雙拂)
   : 왼손은 앞, 오른손은 뒤로 들었다가 양손을 뒤로 내린다.

진행도	느린굿거리 12장단 동작
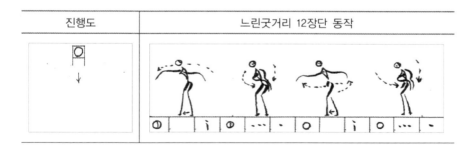	

1박에 오른손을 앞으로 뿌려 2박에 양손을 뒤로 내리고 3박에 왼손을 앞으로 뿌려 4박에 양손을 뒤로 내린다.(앞으로 2박 1보로 무진한다.)

1) 반복(反覆): 느린굿거리 12장단 동작을 반복한다.

진행도	느린굿거리 13장단 동작
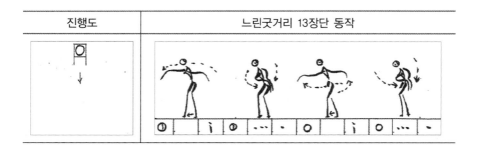	

1박에 오른손을 앞으로 뿌려 2박에 양손을 뒤로 내리고 3박에 왼손을 앞으로 뿌려 4박에 양손을 뒤로 내린다.(앞으로 2박 1보로 무진한다.)

1) 양수두상회롱수(兩手頭上廻弄手) 일각이회(一刻二回)

    : 양손을 머리 위에서 1장단에 2회 돌려 뿌린다.

진행도	느린굿거리 14장단 동작
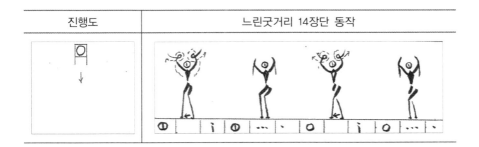	

1박에 오른발을 앞에 디디며 양손을 머리 위에서 안쪽으로 돌려 밖으로 뿌리고 2박에 무릎을 구부리고 3박에 안쪽으로 돌려 밖으로 뿌리고 4박에 무릎을 구부리다.

1) 반복(反覆): 느린굿거리 14장단 동작을 반복한다.

진행도	느린굿거리 15장단 동작
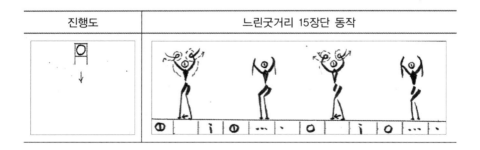	

1박에 오른발을 앞에 디디며 양손을 머리 위에서 안쪽으로 돌려 밖으로 뿌리고 2박에 무릎을 구부리고 3박에 안쪽으로 돌려 밖으로 뿌리고 4박에 무릎을 구부리다.

1) 양수두상회롱수(兩手頭上廻弄手) 일각사회(一刻四回)
   : 양손을 머리 위에서 1장단에 4회 돌려 뿌린다.

진행도	느린굿거리 16장단 동작
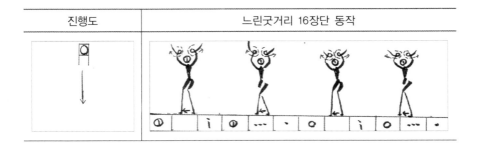	

1박 1보 무진하면서 양손을 머리 위에서 1박 1회로 안쪽으로 돌려 밖으로 뿌린다.

1) 복례(伏禮) 료(了): 엎드려 절하면서 끝난다.

진행도	느린굿거리 17장단 동작
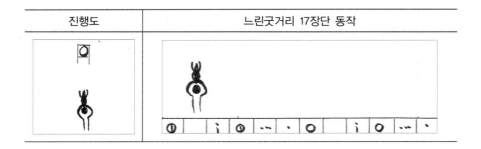	

1장단에 양손을 앞으로 뿌리며 양손을 머리 앞에 바닥에 둥글고 깊게 엎드려 절을 한다.

승무보 원본

李珠燦

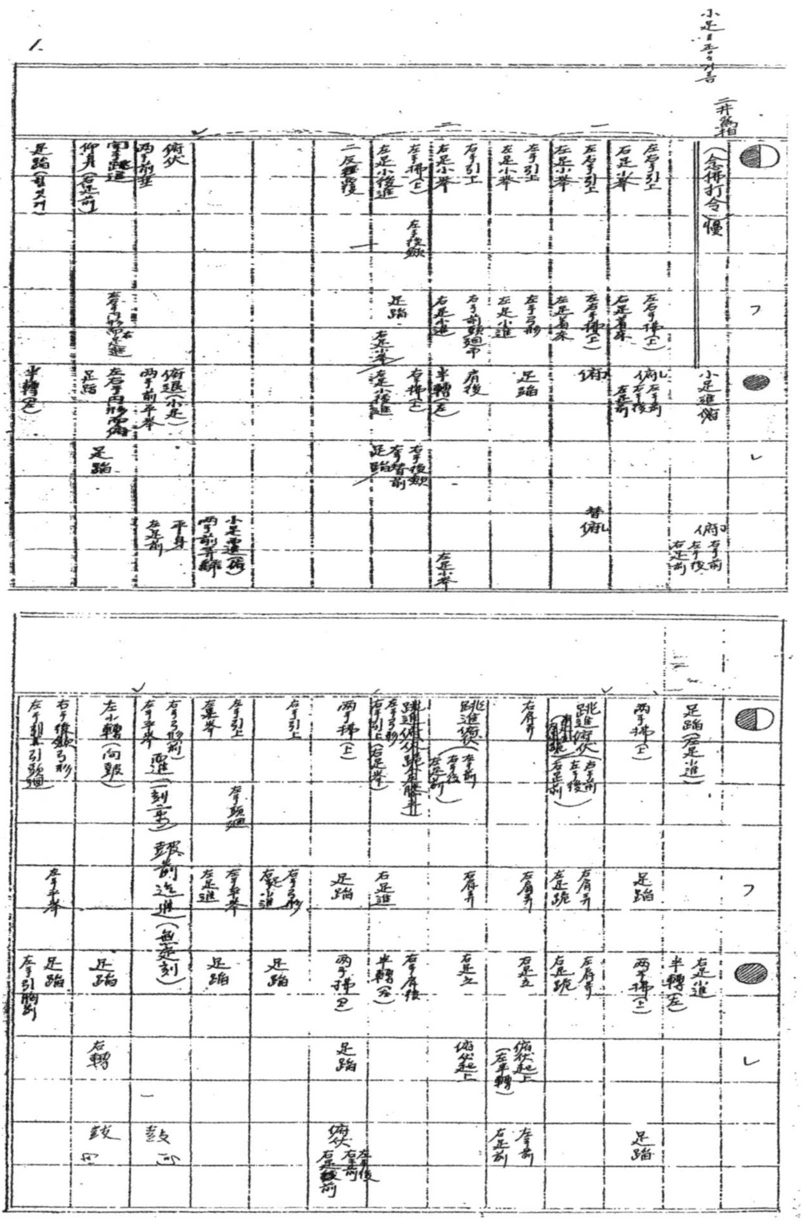

足蹈
半轉(左)
兩手揮(上)
右足進
足蹈(左足小進)

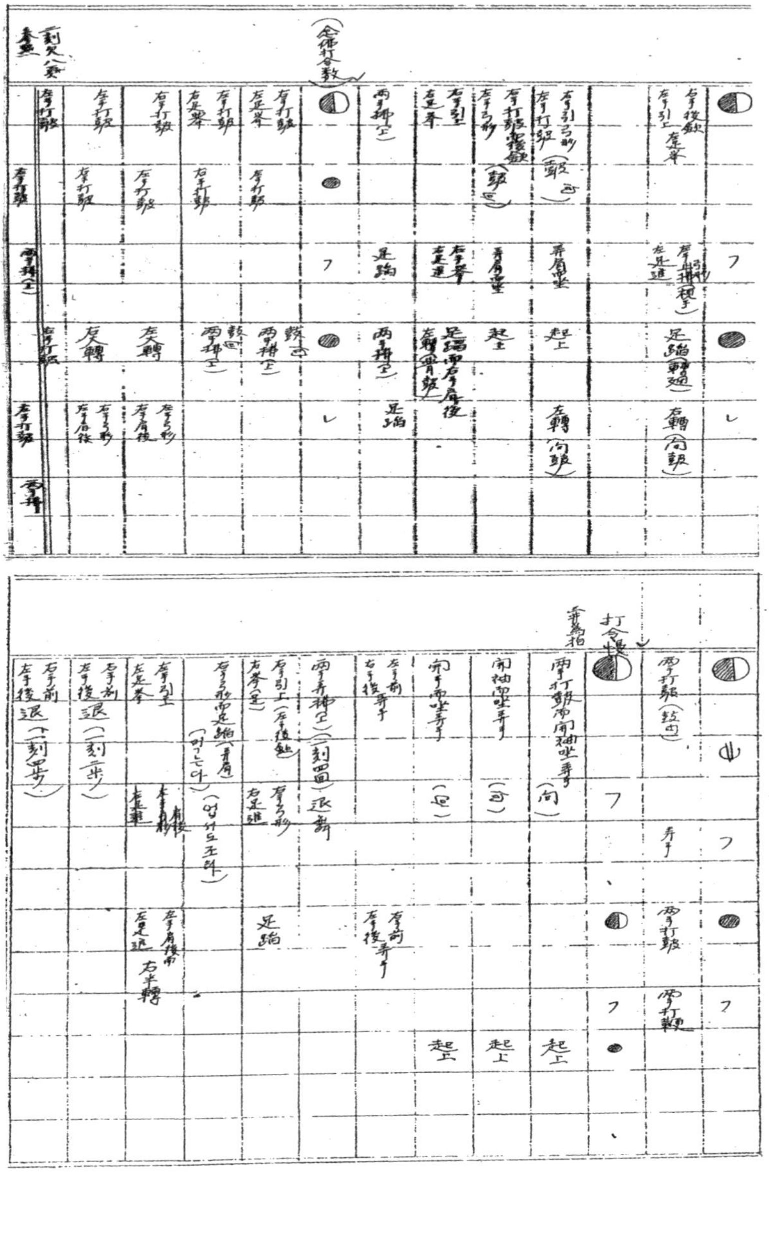

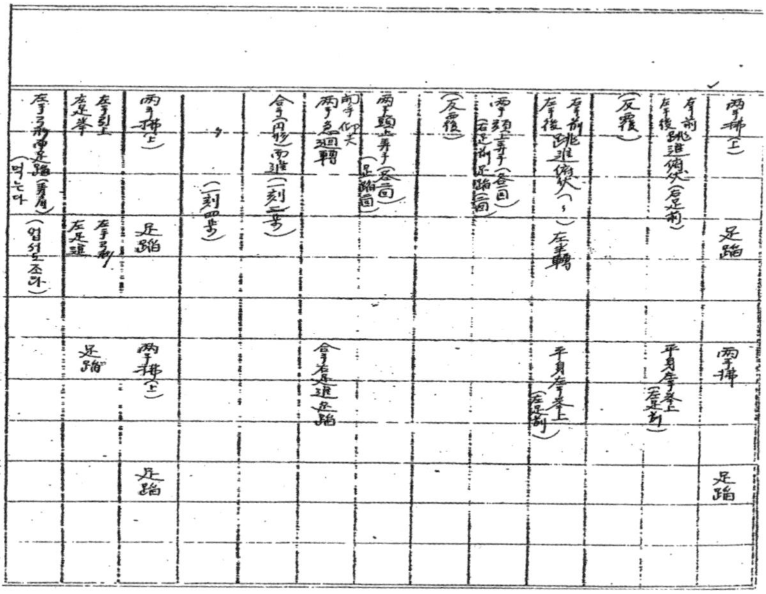

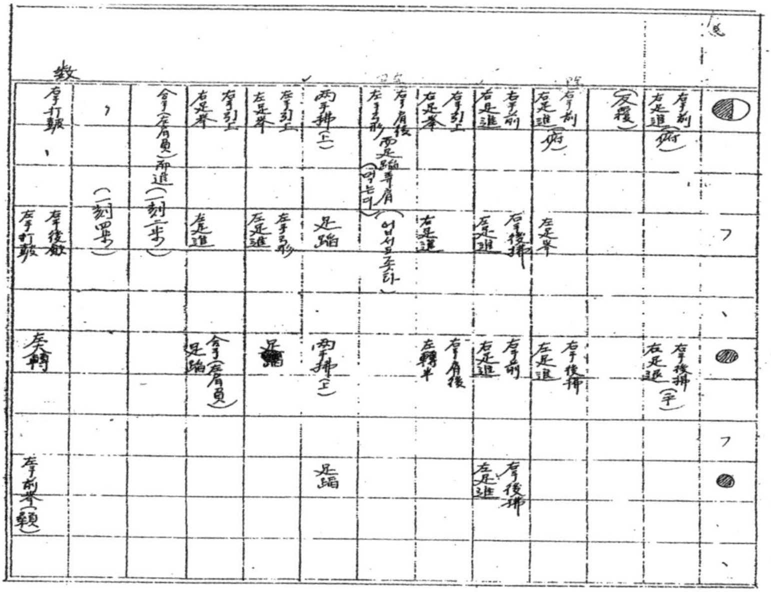

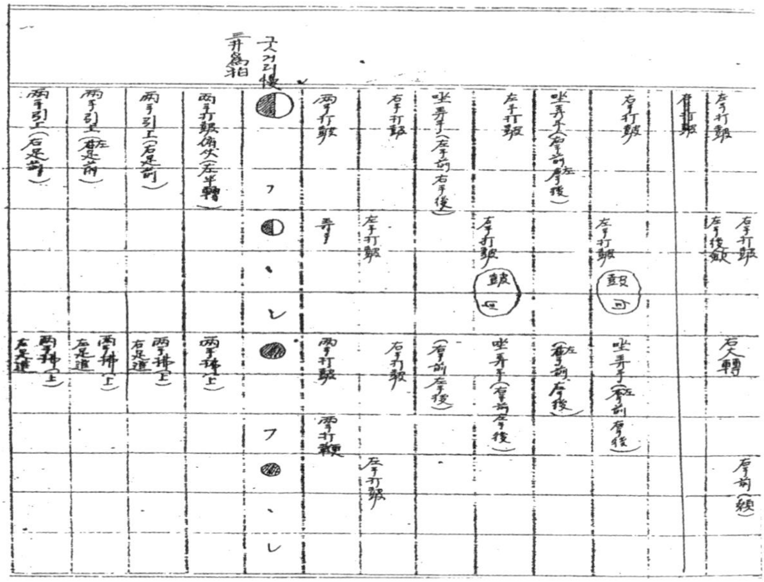

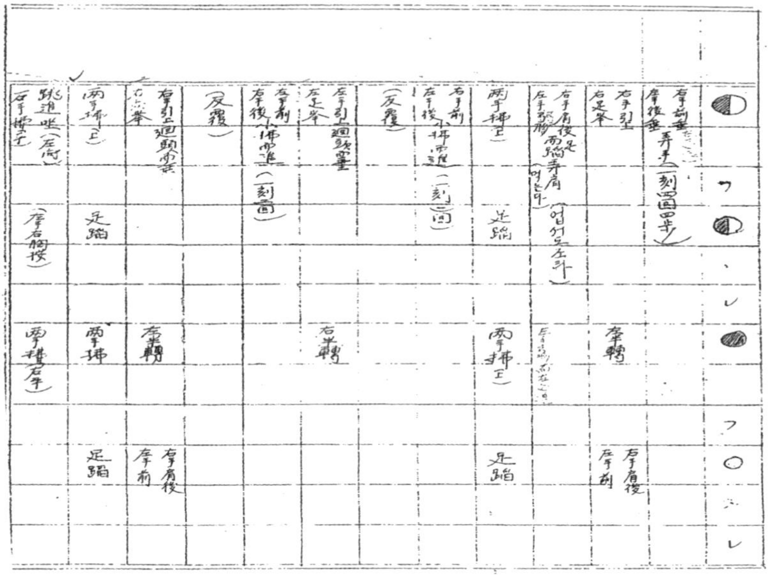

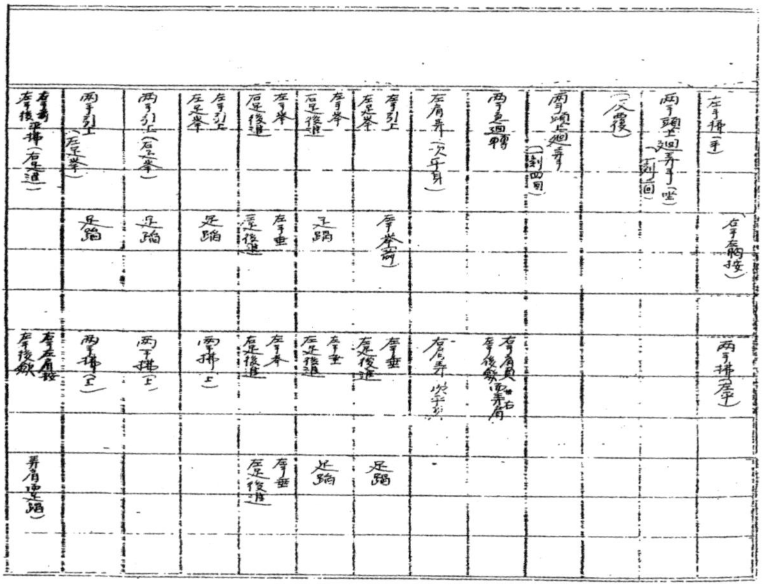

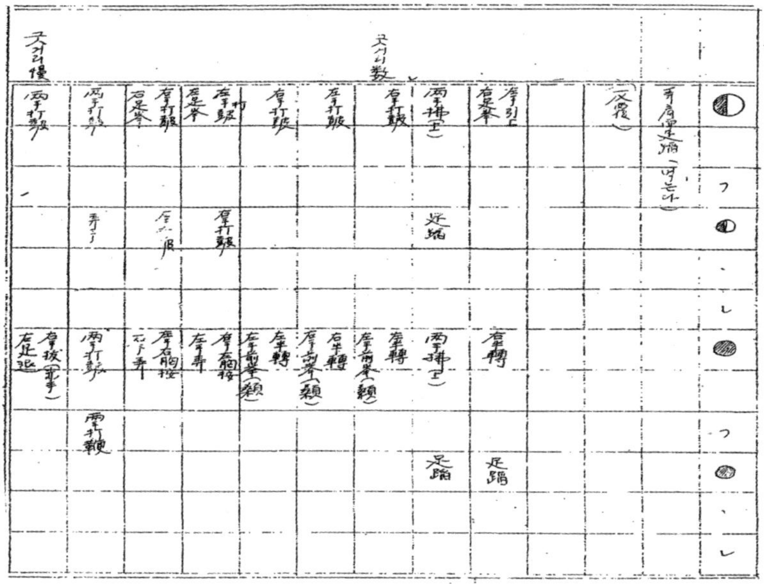
굿거리 慢
굿거리 數

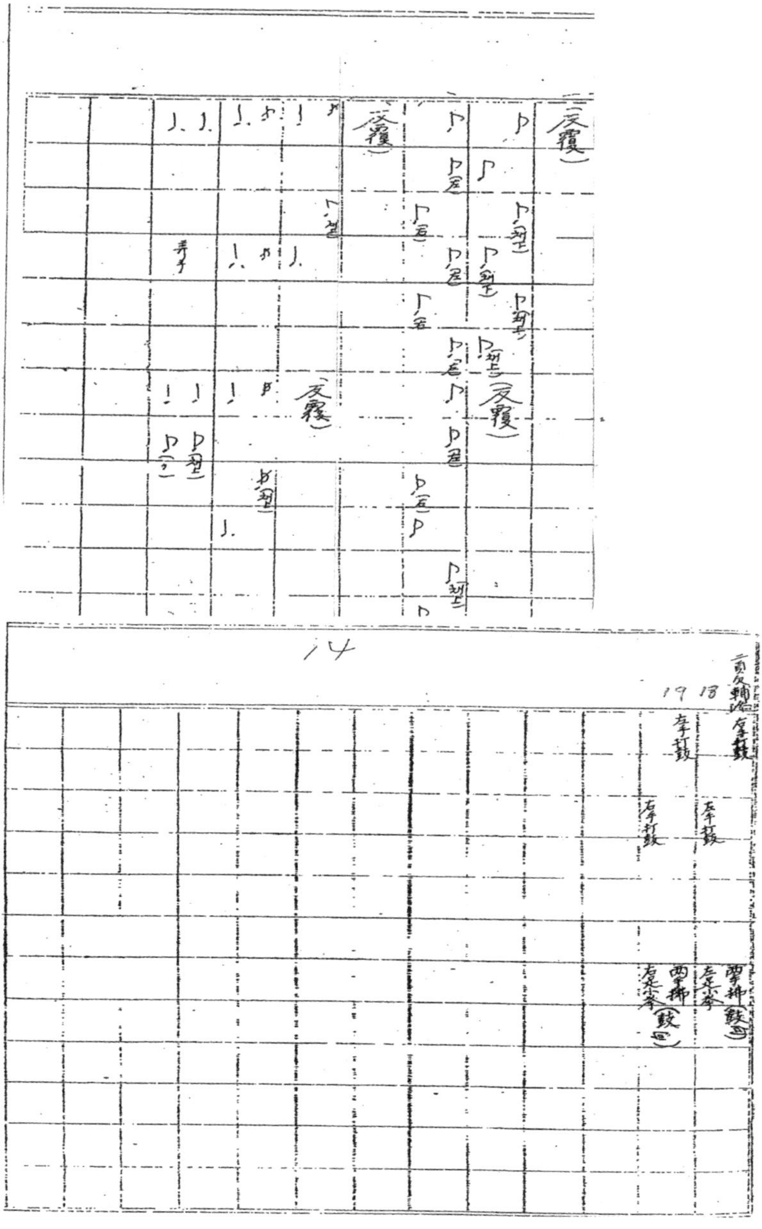
(反覆)
14
1918

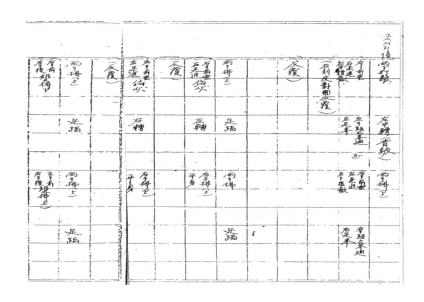

▌이흥구

한국예술종합학교 전통예술원 교수 역임
1999년 대통령 포상
2007년 문화부 보관 문화 훈장 수여
중요무형문화재 제40호 학연화대합설무 보유자
사단법인 대악회 이사장
국립국악원 원로 사범
한국예술종합학교 전통원 강사

『(문헌을 통해 본)역대 일무상』, 『한국궁중무용총서 1~12』 외 다수.

한성준의 생애와 승무

2015년 12월 15일 초판 1쇄 펴냄

지은이 이흥구
펴낸이 김흥국
펴낸곳 보고사

책임편집 이유나
표지디자인 이준기

등록 1990년 12월 13일 제6-0429호
주소 경기도 파주시 회동길 337-15 보고사 2층
전화 031-955-9797(대표)
02-922-5120~1(편집), 02-922-2246(영업)
팩스 02-922-6990
메일 kanapub3@naver.com / bogosabooks@naver.com
http://www.bogosabooks.co.kr

ISBN 979-11-5516-488-4 93680
ⓒ 이흥구, 2015

정가 15,000원

이 도서의 국립중앙도서관 출판시도서목록(CIP)은 서지정보유통지원시스템 홈페이지
(http://seoji.nl.go.kr)와 국가자료공동목록시스템(http://www.nl.go.kr/kolisnet)에서 이
용하실 수 있습니다. (CIP제어번호 : CIP2015032260)